The Womanizer

SEX BOMB

100 Tricks, Frauen ins Bett zu bekommen

The Womanizer

SEX BOMB

100 Tricks, Frauen ins Bett zu bekommen

Bibliografische Informationen der Deutschen Nationalbibliothek
Die Deutsche Nationalbibliothek verzeichnet diese Publikation in der
Deutschen Nationalbibliografie; detaillierte bibliografische Daten sind
im Internet über dnb.dnb.de abrufbar.

2. Auflage

Printed in Germany

ISBN 978-3-8448-0574-1

Herstellung und Verlag: BoD – Books on Demand, Norderstedt

SEX BOMB
100 Tricks, Frauen ins Bett zu bekommen

The Womanizer

Inhaltsverzeichnis

5

Vorwort

Herzlichen Glückwunsch zum Kauf dieses Buches, das dein Leben verändern wird! Hier erfährst du vom absoluten Experten, wie man Frauen schnell und einfach ins Bett bekommen kann! Es sind erprobte Trick & Tipps vom Womanizer höchstpersönlich!

Als Flirt- und Sexgott, der über 1.000 Frauen hatte, weiß ich genau, wie Frauen ticken und was sie wollen. Dieses Wissen gebe ich nun an dich weiter! Lies die 100 Kapitel aufmerksam durch und suche dir die Anmachtricks und -strategien heraus, die zu dir passen, dann setze sie in die Tat um.

Du wirst sehen: Die Frauen liegen dir zu Füßen! Werde auch du zum Womanizer und lebe dein Leben als Frauenheld, jede Woche oder sogar jeden Tag mit einer anderen hübschen Frau im Bett. Ich wünsche dir viel Erfolg und viel Spaß dabei!

Hochachtungsvoll
The Womanizer

Let's go!

Der Playboy Trick

- *Ein Playboy ist ein Mann, der einfach alle Frauen bekommt, die er möchte.*
- Kleide dich schick als Casanova und gehe in eine edle Bar.
- Mache es dir am Tresen gemütlich und beobachte auffällig und intensiv die Frauen um dich herum.
- Schnell wirst du von einer Frau bemerkt und angesprochen. Lade sie auf ein spritziges Gläschen Champagner ein und präsentiere dich von deiner besten Seite. Zeige gute Manieren und starte eine intelligente Konversation.
- Erzähle ihr, dass du viel in der Welt unterwegs bist und mit „hohen Tieren" zu tun hast. Berichte ihr von deiner Leidenschaft für hübsche Frauen und sage ihr: „Du bist übrigens verdammt hübsch, du hast das gewisse Etwas. Das gefällt mir."
- Gestehe ihr, dass du schon mit hunderten Frauen Affären hattest und schaue ihr dabei tief in die Augen, während du sie reizvoll anlächelst.
- *Frauen, die auf Playboys stehen, bewundern diese sehr, sie wollen von ihnen genommen werden und machen oft den entscheidenden Schritt.*
- Tut sie dies (noch) nicht, frage sie: „Sag mal, Süße, hast du heute noch etwas vor, oder wollen wir beide ganz tollen Sex miteinander haben?"
- 8 von 10 Frauen sagen an dieser Stelle JA!
- Du hast Sex mit ihr!

11

Der Pianist Trick

- *Voraussetzung ist, dass du ein Klavier hast und dieses auch spielen kannst. Ist dies nicht der Fall, kaufe dir eines und lerne es.*
- Suche dir ein romantisches klassisches Stück aus (z.B. Teil 1 der Mondscheinsonate von Beethoven) und übe es gut ein.
- In einer Bar suchst du dir die Frau deiner Begierde und fragst sie, ob sie einen Zettel und einen Stift für dich hat, du müsstest gerade etwas Wichtiges aufschreiben.
- Kritzle ein paar Noten auf den Zettel und erkläre ihr, dass dir gerade eine wunderschöne Melodie eingefallen ist. Stelle dich als Pianist eines klassischen Orchesters vor und frage sie nach ihrem Musikgeschmack.
- Setze dich mit ihr an die Bar und unterhaltet euch über Musik.
- Erzähle ihr, dass Mozart, Bach, Beethoven und Chopin zu deinen bevorzugten klassischen Komponisten zählen und dass du Musik über alles liebst: „Ja, ohne Musik könnte ich nicht leben. Jeden Abend setze ich mich ans Klavier und spiele. Das befreit. Danach fühle ich mich wie ein neuer Mensch, der stressige Alltag ist vergessen und ich bin glücklich."
- *Sie wird Interesse an deiner Spielkunst zeigen, da Frauen musikalische Männer toll finden.*
- Lade sie zu dir nach Hause ein und versprich ihr ein persönliches Konzert. Sie kommt mit.
- Spiele nun das eingeübte klassische Stück und sie wird dahinschmelzen.
- Sie wird immer dichter an dich heranrücken und dich küssen.
- Du hast Sex mit ihr!

Der Feuerwehrmann Trick

- *Feuerwehrmänner sind die Fantasie vieler Frauen.*
- Male dir eine markante Narbe ins Gesicht und Rußstreifen auf die Unterarme.
- Kleide dich lässig-leger (am besten T-Shirt und Jeans) und gehe abends in die Disco.
- Tanze so, dass du von möglichst vielen Frauen wahrgenommen wirst.
- Setze dich an die Bar, trinke ein Bier und warte, bis du von einer Frau angesprochen wirst.
- Wenn sie dich nach deinen Narben fragt, dann erzähle ihr, dass du Feuerwehrmann bist und schon vielen Menschen das Leben gerettet hast.
- *„Mein Held", wird sie denken.*
- Berichte ihr von deinen heißesten Abenteuern im Feuer und wie du in vollends brennende Gebäude hineinmarschierst und dabei dein Leben riskierst, um andere Personen vor dem Tod zu retten.
- Erzähle ihr, dass du weitere Narben und sogar Verbrennungen hast, am Rücken und an den Beinen, aber zum Glück ist dein „Powerman" dabei immer heil geblieben.
- *Jetzt ist sie dir bereits verfallen, sie bewundert dich als selbstlosen Held und Traummann.*
- Frage sie, ob sie mit deinem Feuerwehrschlauch spielen möchte.
- Du hast Sex mit ihr!

Der Babysitter Trick

- Suche in der Zeitung oder im Internet nach Stellenanzeigen „Babysitter/in gesucht" in deiner Region.
- Rufe an (in 90 % aller Fälle ist die junge Mutter am Telefon), erkundige dich, wie alt das Kind ist und komme nett mit ihr ins Gespräch.
- Finde heraus, ob die Eltern des Kindes noch zusammen sind.
- *Oft sind es alleinerziehende Mütter, die einen Babysitter suchen, weil sie abends ausgehen und Vergnügen haben wollen.*
- Wenn du es mit einer intakten Familie zu tun hast, lasse dir eine Ausrede einfallen. Nimm nur Jobs an, wo die Frau Single und alleinerziehend ist.
- Erzähle ihr, dass du Kinder über alles liebst und immer auf die Sprösslinge deines älteren Bruders aufpasst. So bekommst du den Job.
- Beim 1. Termin erscheine gepflegt und höflich. Gib dir alle Mühe, einen tollen Draht zum Kleinen aufzubauen. Wenn die Mutter dann wiederkommt, berichte ihr, dass ihr beide einen tollen Abend zusammen hattet und küsse den Kleinen zum Abschied liebevoll auf die Stirn.
- *Die Frau ist sichtlich beeindruckt, es mit einem so tollen und einfühlsamen Mann zu tun zu haben. Sie ist in der Regel frisch getrennt und hat den Glauben an Männer verloren. Du bist dabei, ihr den Glauben zurückzubringen.*
- Beim 2. Termin richte es ein, dass wenn die Frau nach Hause kommt, das Kind sanft in deinem Arm oder auf deinem Schoß schläft. Sie wird erneut beeindruckt sein und dir, wenn das Kind ins Bett gebracht wurde, etwas zum Trinken anbieten.
- *Du weißt nun, sie will dich noch am selben Abend vernaschen.*
- Sie wird die Initiative ergreifen.
- Du hast Sex mit ihr!

Der 6 Richtige Im Lotto Trick

- Organisiere dir 4 fette 500-Euro-Scheine und einen Lottoschein.
- Kreuze wahllos einige Zahlen auf dem Lottoschein an.
- Gehe in eine Kneipe und amüsiere dich.
- Sprich deine Herzdame an und lade sie zu einem Getränk ihrer Wahl ein.
- Erzähle ihr, dass du der glücklichste Mensch der Welt bist, du hast nämlich im Lotto gewonnen: 6 Richtige!
- *Wenn dir 6 zu viel sind, sprich von 4 oder 5 Richtigen.*
- Zeige ihr den Lottoschein und halte ihr die 500-Euro-Noten unter die Nase.
- *Damit es nach wirklich viel Geld aussieht, packe einige 5-, 10- und 20-Euro-Scheine dazu. Zeige ihr das Geld gefaltet, sodass die 5-, 10- und 20-Euro-Scheine innen und für sie nicht sichtbar sind; sie sieht nur außen die 500-Euro-Scheine. Sie denkt, du hast ein Büschel voller 500er-Scheine in der Hand.*
- Stecke das Geld wieder in deine Brusttasche und warte ab.
- Sie wird dich anbaggern.
- Lasse dich abschleppen.
- Du hast Sex mit ihr!

Der Billard Trick

- *Voraussetzung ist, dass du gut Billard spielen kannst. Wenn nicht, dann lerne es.*
- Gehe in einen Billardsalon oder eine Playerhalle und belege einen Billardtisch.
- Spiele 1 bis 2 Runden.
- Suche dir eine Kandidatin aus, die dir gefällt.
- *Oft gehen Mädels zu zweit Billard spielen. Fasse so ein Pärchen ins Auge.*
- Wenn einer der beiden jungen Damen eine Kugel eingelocht hat, lobe sie für den tollen Stoß.
- Schlage ihnen ein Match vor: „Ihr spielt zusammen gegen mich. Ich mache einen Stoß, dann ihr beide je einen. Wenn ihr gewinnt, spendiere ich euch Drinks."
- *Sie werden sich beraten und die Wette annehmen. Einen Mann beim Billard zu besiegen, ist Wunsch vieler Frauen, und gemeinsam halten sie einen Sieg für möglich.*
- Sage: „Okay, wenn aber ich gewinne, was bekomme ich dann?"
- Entweder sie schlagen dir auch einen Drink vor, dann nimm an, oder sie fragen dich, was du dir als Prämie vorstellst.
- Antworte mit einem versauten Lächeln: „Einen Kuss von euch!"
- *Wenn sie dir den Drink anbieten, sage: „Einverstanden, plus einen Kuss von euch."*
- Sie werden kichern, sich beraten und dann einverstanden sein.
- Spiele dein bestes Billard und besiege sie.
- Hole dir deine versprochenen Küsse ab (richtige Küsse, kein Backenbussi!).
- Frage sie, ob du ihnen zeigen sollst, wie richtig einlochen geht.
- Du hast Sex mit beiden!

Der Magische Zettel Trick

- Besorge dir ein schönes Briefpapier und schreibe mit einem Füller in eleganter Handschrift darauf: *Hast du Lust, mit mir zu schlafen? Wenn nein, bitte weitergeben.*
- Diesen Zettel faltest du und packst ihn in einen edlen Umschlag.
- Kleide dich gut (Hemd, Sakko, Jeans) und begib dich in deine Lieblingsbar.
- Setze dich an den Tresen und bestelle dir 1 Bier.
- Warte, bis eine hübsche Dame neben dir Platz nimmt.
- Nach ein paar Minuten gibst du ihr wortlos deinen Umschlag.
- Sie wird dich erstaunt anblicken und fragen, was sie damit tun soll. Sage: „Öffne ihn, da ist ein wichtiges Dokument drin."
- Sie öffnet den Umschlag, entfaltet das Blatt und liest deine Botschaft.
- 8 von 10 Frauen werden dann herzlich lachen, weil diese Idee einfach köstlich ist.
- *Frauen lieben lustige Männer. Mit diesem Gag hast du sie überrascht, sie wird erst einmal sprachlos sein.*
- Sie wird dich fragen, ob das dein Ernst ist oder wohl ein Scherz.
- Sage ihr, dass du es ernst meinst und seit 4 Wochen Tag und Nacht in dieser Bar sitzt, bis du in ihr endlich eine wunderschöne Frau gefunden hast, die dir gefällt und der du den Umschlag mit Inhalt überreichen wolltest.
- *Das schmeichelt ihr gewaltig. Gleichzeitig findet sie deinen Witz mit den 4 Wochen klasse.*
- Flirte mit ihr und frage sie, wie sie heißt.
- Komme mit ihr nett ins Gespräch und lade sie zu einem Drink ein.
- Frage sie nach 30 Minuten: „Du, noch mal zurück zum Magischen Zettel. Wie lautet deine Antwort?"
- Sie wird grinsen.
- Du hast Sex mit ihr!

Der Kino Trick

- Suche dir den kitschigsten, romantischen Kinofilm aus, der gerade läuft, und kaufe dir 1 Ticket für die Samstagnachmittag-Vorstellung.
- Organisiere dir einen Platz neben einer Frau, die dir gefällt.
- Bei echt traurigen Szenen, wo sich das Liebespaar streitet, betrügt oder trennt, fange an zu schniefen und wische dir wehmütige Tränen aus dem Gesicht.
- Wiederhole diesen Vorgang bei jeder passenden Szene.
- Irgendwann wird dich deine Sitznachbarin ansprechen und fragen, was mit dir los ist und ob es dir gut geht.
- *Tut sie dies nicht, frage sie nach einem Taschentuch.*
- Erzähle ihr, dass du gerade sehr sentimental drauf bist, da dich deine Freundin letzte Woche verlassen hat. Eigentlich wolltet ihr bald heiraten, doch dann hat sie dich mit einem anderen Kerl betrogen und eiskalt abserviert.
- Deine Sitznachbarin wird dich trösten und sagen, dass jeder Schmerz vorbeigehen wird, Kopf hoch, das Leben hat so viel Schönes zu bieten.
- *Viele Frauen mögen Männer, die Gefühle zulassen. Zeige dich verletzt und getroffen, das suggeriert ihr, dass du ein Gefühlsmensch bist und wirklich lieben kannst.*
- Sage: „8 Jahre waren wir zusammen, und nun dies! Ich habe sie wirklich geliebt, alles für sie getan, doch jetzt blutet mein Herz. Ich glaube, ich kann mich nie wieder auf eine Frau einlassen."
- Sie wird dich abermals trösten und dich vielleicht sogar in den Arm nehmen. Ansonsten kuschle dich einfach an sie heran und sage ihr, dass dir ihre Nähe gut tut.
- Nach dem Film frage sie, ob sie dich nach Hause bringen kann, da du zu gerade schwach auf den Beinen bist. Sie wird es tun.
- Lade sie zu einem Drink bei dir ein und warte ab.
- Sie wird den Anfang machen.
- Du hast Sex mit ihr!

Der Hundehalter Trick

- *Voraussetzung ist, dass du einen Hund hast. Wenn nicht, kaufe oder leihe dir einen.*
- Gehe am frühen Abend mit dem Hund durch den dir nächstgelegenen Park spazieren.
- Wenn dir nun eine hübsche Dame mit Hund entgegen kommt, sprich sie an: „Entschuldigen Sie, ich sehe, Sie sind auch Hundehalter. Ich habe meinen Bello erst seit 3 Tagen, es ist mein erster Hund – vielleicht können Sie mir helfen. Ich habe noch keine große Ahnung von Kommandos, und die, die ich gebe, ignoriert er. Vielleicht hört er ja auf Sie."
- *Die Frau wird sich geehrt fühlen und anbeißen. Tierlieb ist sie als Hundehalterin sowieso, also wird sie dir helfen.*
- Schaue zu, wie sie mit deinem Bello Kontakt aufnimmt.
- *In der Regel funktioniert das gut, da diese Frauen hundeerfahren sind.*
- Sie wird dir ein paar Tipps geben, die Standardkommandos beibringen und vorführen. Höre aufmerksam zu und sage: „Okay, dann versuche ich es jetzt mal."
- *Sie wird neugierig zusehen und sich gemeinsam mit dir freuen, wenn es klappt. Wenn es nicht klappt, wird sie dir weitere Tipps geben und es dir noch einmal zeigen.*
- Nach der dritten Trainingsrunde bedanke dich höflich bei ihr und frage sie, ob sie morgen wieder um dieselbe Zeit spazieren geht. Wenn ja, biete ihr eure Gesellschaft an: „Wir könnten doch zusammen, zu viert spazieren gehen."
- *Wenn nein, schlage es ihr vor.*
- Dein Angebot wird sie lächelnd und freudig annehmen.
- Allerspätestens beim vierten gemeinsamen Spaziergang seid ihr euch näher gekommen und bereit für mehr. Du brauchst nichts weiter unternehmen, sie wird den ersten Schritt tun.
- Du hast Sex mit ihr!

Der Rote Rosen Trick

- Vergucke dich in eine tolle Frau.
- Finde heraus, wo sie wohnt.
- Kaufe 1 rote Rose und lege sie ihr vor die Haustür. Dazu schreibst du auf edles Briefpapier: *Für die schönste Frau der Stadt.* Unterschreibe leserlich mit deinem Vornamen.
- Am nächsten Tag dasselbe Spiel.
- Am dritten Tag ebenso.
- Am vierten Tag legst du folgenden Zettel bei: *Möchtest du deinen Verehrer kennenlernen? Du findest mich morgen um ... Uhr im Café ..., ich warte dort auf dich. Du erkennst mich an der Rose, die ich dir gerne persönlich überreichen möchte. Bis morgen! Unterschrift Vorname.*
- *Sie wird neugierig sein und kommen. Sie muss nämlich wissen, wer der mysteriöse Rosenmann ist.*
- Kleide dich schick (Anzug) und sei mindestens 15 Minuten vor dem vereinbarten Zeitpunkt im Café.
- Bestelle dir 1 Kaffee und warte.
- Sie wird die Lage aus der Ferne peilen und Ausschau nach dir halten.
- *8 von 10 Frauen werden, wenn sie dich dann gefunden haben, zu dir kommen und dein Flirtangebot annehmen. Die wollen es dann auch.*
- Überreiche ihr die Rose mit folgenden Worten: „Die ist für die schönste Frau der Stadt.“
- Bitte sie, sich zu dir an den Tisch zu setzen, und frage sie, was sie trinken möchte.
- Flirte mit ihr.
- Du hast Sex mit ihr!

Der Barmann Trick

- Lese dich in die Welt der Cocktails ein und lerne, einen *Sex on the Beach* zu mixen.
- Rezept: *4 cl Wodka, 4 cl Pfirsichlikör, 2 cl Zitronensaft, 2 cl Cranberrysaft, 8 cl Orangensaft. Alle Zutaten in einem Shaker mit crushed Eis schütteln, anschließend in ein Longdrinkglas (mit Eiswürfel) abgießen. Mit Ananas und Kirsche dekorieren. Fertig!*
- Suche dir auf einer Party die Dame des Abends aus und komme mit ihr nett ins Gespräch.
- Erzähle ihr, du bist von Zweitberuf Barmann und absoluter Experte im Mixen von Cocktails.
- Schwärme ihr vor vom Black Russian, von Bloody Mary, Cuba Libre, Kir Royal, Margarita, Mojito, Tequila Sunrise, Screwdriver und beende die Liste mit Sex on the Beach, deinem absoluten Lieblingscocktail.
- Verrate ihr, dass du vor kurzem einen Barkeeper-Wettbewerb gewonnen hast, in dem es darum ging, den besten Sex on the Beach zu machen.
- *Du wirst sehen, wie ihre Augen funkeln. Frauen lieben gute Drinks.*
- Frage sie dann aufreizend: „Möchtest du mal Sex on the Beach mit mir machen?"
- Entweder sie kapiert das Wortspiel und die Sache ist geritzt.
- Du hast Sex mit ihr!
- Oder sie willigt ein, mit dir zusammen diesen Cocktail zu machen.
- Nimm sie mit zu dir und bereitet zusammen einen perfekten Sex on the Beach zu.
- Nachdem ihr getrunken habt, kannst du sie nehmen.
- Du hast Sex mit ihr!

21

Der Zauber Trick

- Nimm dir 6 Blätter Papier und beschrifte diese jeweils mit dem Satz: *Ich wusste, dass du die ... (Zahlen 1-6) nimmst.*
- Falte die Zettel zusammen und stecke sie dir wie folgt ein: Zettel mit *Ich wusste, dass du die 1 nimmst* in die rechte Hosentasche, 2 in die linke Hosentasche, 3 in die rechte Sakkotasche, 4 in die linke Sakkotasche, 5 in die Sakkotasche innen, 6 in die Hemdbrusttasche.
- Gehe nun in eine Bar und suche dir eine Frau aus.
- Frage sie, ob sie Lust auf einen tollen Zaubertrick hat. Versprich ihr, sie wird verblüfft sein.
- *Sie wird Interesse haben und neugierig sein.*
- Sage ihr, dass du ihre Gedanken beeinflussen kannst.
- Sie soll sich bitte auf eine Zahl von 1 bis 6 konzentrieren, diese dir aber nicht sagen.
- Nimm sie an der Hand und schließe deine Augen. Auch sie soll die Augen schließen und sich auf die Zahl konzentrieren.
- Über den Kontakt der Hände wirst du ihr nun eine Zahl einsuggerieren, erklärst du ihr.
- Nach 1 Minute zärtlichem Handkontakt öffne deine Augen und sage, dass du nun gespannt bist, ob es geklappt hat. Frage sie nach ihrer Zahl. Sie wird sie dir nennen.
- Hole nun lässig den Zettel aus der entsprechenden Tasche und präsentiere ihn ihr.
- *Du kannst die Zettel auch in versiegelte Umschläge packen. Macht die Sache noch pompöser!*
- Sie entfaltet den Zettel und liest ihre Zahl. Sie wird beeindruckt sein. Was für ein Wunder!
- Sie wird dich nach dem Trick fragen, aber du sagst nur: „Das ist pure Konzentration, Gedankenübertragung, die Magie zwischen uns stimmt."
- Sie wird dir verfallen sein.
- Du hast Sex mit ihr!

Der Chefredakteur Trick

- Gehe in einen Zeitschriftenladen und suche dir ein Magazin aus, in dem auf Seite 1 beim Editorial kein Foto des Chefredakteurs drin ist, sondern nur sein Name und seine Unterschrift.
- Kaufe diese Zeitschrift.
- Gehe abends in die Bar und setze dich mit dieser Zeitschrift an den Tresen.
- Lese.
- Warte, bis eine attraktive Frau in deiner Nähe ist.
- Wenn ihr Blickkontakt habt, sprich sie an: „Entschuldigung, können Sie mir kurz helfen? Ich brauche bitte Ihren Rat."
- Stelle dich als der Chefredakteur des Magazins vor und erkläre ihr, dass du die Zeitschrift komplett neu überarbeitet hast und gerne wissen möchtest, wie diese ihr gefällt.
- *Als Chefredakteur bist du bei Frauen hoch im Kurs, sie wird also Interesse an dir haben.*
- *Sie wird sich geehrt fühlen, dass du gerade sie als Testperson ausgewählt hast und neugierig das Heft durchblättern.*
- In der Regel wird sie dich loben und sagen, dass sie das Magazin toll findet.
- Hat sie Verbesserungsvorschläge, notiere diese sachlich und frage gezielt nach.
- Als Dankeschön für ihre Hilfe und Beratung spendiere ihr einen Drink.
- Warte ab – sie wird in die Flirtoffensive gehen.
- Du hast Sex mit ihr!

Der Jungfrau Trick

- Gehe in die Disco oder auf eine Party.
- Tanze und habe Spaß.
- Komme mit einer süßen Maus ins Gespräch.
- Lasse sie von sich erzählen.
- Wenn sie mehr über dich wissen möchte, erzähle ihr alles, aber nichts über deinen Beziehungsstatus.
- Sie wird nachfragen.
- Spiele den Schüchternen und sage, dass du nicht darüber reden möchtest, es ist dir peinlich.
- Sie wird nachhaken und dich explizit darum bitten, dich ihr zu öffnen.
- Sage: „Na gut, aber versprich mir, nicht zu lachen. Und behalte es bitte für dich." Sie wird einverstanden sein.
- Gestehe ihr, dass du noch Jungfrau bist und noch nie mit einer Frau Sex hattest. Angebote hättest du zur Genüge, aber du hast dir als Jugendlicher geschworen, nur mit deiner absoluten Traumfrau ins Bett zu gehen, und die sei dir noch nicht begegnet … naja, bis heute. Lächle sie dabei verlegen an.
- *Deine Chancen sind gut. Das war ein Hammerkompliment. Außerdem sind Frauen scharf darauf, einen unerfahrenen Mann in die Kunst des Sex einzuführen.*
- Entweder sie macht direkt den entscheidenden Schritt und bietet dir eine tolle Nacht mit ihr an, dann nimm sofort an!
- Oder du fragst sie: „Könntest du dir denn vorstellen, mich einzuweihen? Du wärst die allererste Frau, mit der ich Sex hätte, das ist etwas ganz Besonderes für mich."
- 8 von 10 Frauen sagen hier JA.
- Du hast Sex mit ihr!

Der Spionage Trick

- Suche im Internet auf großen Community-Portalen wie Facebook nach der Traumfrau aus deiner Region.
- Studiere ihr Profil genau: ihre Hobbys, Lieblingsmusik, Lieblingsbücher, Lieblingsfilme und beschäftige dich mit diesen.
- Achte darauf, wo sie sich zu welcher Party anmeldet.
- Gehe auch dorthin.
- Finde sie dort wieder.
- Sprich sie an und komme mit ihr oberflächlich ins Gespräch.
- Erwähne, dass das gerade nicht so deine Musik ist, du stehst mehr auf … (ihre Lieblingsmusik).
- Sie wird überrascht sein und sagen, dass das auch ihr Lieblingskünstler ist.
- Tue erstaunt und sage: „Was für ein Zufall!"
- Sprich mit ihr über eure Lieblingsmusik.
- Frage sie: „Was liest du denn gerne?"
- Sie wird dir ihre Lieblingsbücher nennen.
- Sage: „Das gibt´s doch gar nicht! Das sind auch meine Lieblingsbücher! Was für ein Zufall! Wir scheinen die gleichen Interessen zu haben!"
- Sprich mit ihr über eure Lieblingsbücher.
- Frage sie nach ihren Lieblingsfilmen.
- Sie wird sie dir nennen.
- Drehe durch: „Das ist doch der helle Wahnsinn! Weißt du was? Diese Filme sind auch meine Lieblingsfilme!"
- Sprich mit ihr über eure Lieblingsfilme.
- *Spätestens jetzt hat sie kapiert, dass du der echt perfekte Mann für sie bist. Frauen glauben an Schicksal – sie redet sich ein, dass du der Richtige bist.*
- Du hast Sex mit ihr!

Der Schlittschuhläufer Trick

- Gehe in die Eissporthalle zum Schlittschuhlaufen.
- Wenn du Anfänger bist, passt alles. Wenn du Profi bist, laufe wie ein Anfänger.
- Stürze ein paar Mal.
- Fasse eine hübsche Frau ins Auge. Wenn sie an dir vorbeifährt, sprich sie an und frage sie, ob sie dir kurz helfen kann.
- *Sie wird.*
- Sage ihr, dass du Anfänger bist und zum allerersten Mal Schlittschuh läufst. Frage sie, wie das richtig geht.
- Sie wird es dir erklären.
- Befolge ihre Ratschläge, rutsche aber bewusst aus und lasse dich fallen.
- Sie wird dir aufhelfen.
- Wiederhole das 3 bis 4 Mal.
- Frage sie, ob sie dich mal an die Hand nehmen und führen kann.
- 8 von 10 Frauen machen mit.
- Fahre gemeinsam mit ihr ein Stück und lasse dich dann wieder fallen, doch diesmal ziehst du sie mit, sodass sie sanft auf dir landet.
- Wiederhole dieses Spiel 2 bis 3 Mal. Entschuldige dich jedes Mal für den Sturz.
- Dann klappt es schon besser und du kannst deine erste Kurzstrecke frei laufen.
- Juble und umarme sie vor Freude.
- Lade sie zum Dank auf ein heißes Getränk ein.
- Du hast Sex mit ihr!

Der Pornodarsteller Trick

- Kleide und style dich machomäßig (Muskelshirt, Jeans, Goldkettchen, gegeltes Haar).
- Gehe auf eine Party oder in eine Bar.
- Komme mit einer hübschen Frau ins Gespräch.
- Stelle dich ihr als der bekannte Pornodarsteller Johnny „The Bull" Rocket vor.
- Sie wird interessiert sein und dich übers Business ausfragen.
- Erzähle ihr, dass du Jura studiert hast, aber dann deine Leidenschaft für Sex zum Beruf gemacht hast.
- Du bist nun schon über 5 Jahre im Geschäft und liebst deinen Beruf sehr: „Jeden Tag geilen Sex zu haben, ist schon klasse. Ich liebe Sex! Und ich kenne alle Tricks und Kniffe. Ich weiß genau, was Frauen wollen und wie man ihnen einen megageilen Orgasmus zaubert."
- *Hier wird sie schon vor Lust zerfließen.*
- Erzähle ihr, dass du für 3 Sachen bekannt bist: für deine exzellente Ausstattung, für deine endlose Kondition und für deine besonderen Zungenfertigkeiten.
- Sie wird dich anbetteln, mit ihr zu schlafen.
- Tue dies.
- Du hast Sex mit ihr!

Der Masseur Trick

- Kontaktiere abends in der Bar eine schöne Frau.
- Stelle dich als Masseur und Gesundheitstrainer vor.
- *Jede Frau hat Verspannungen, also wird sie dir ihr Leid klagen.*
- Wenn nicht, frage sie, ob sie hin und wieder einmal Rückenschmerzen hat.
- Dies wird sie mit JA beantworten.
- Erkläre ihr, dass falsche Haltung und Fehlbelastungen dafür verantwortlich sind und du täglich in deiner Praxis Menschen mit Rückenproblemen behandelst.
- Sage: „Eine professionelle Rückenmassage hilft Wunder. Die Patienten kommen verspannt und mit Schmerzen zu mir, und nach der Massage geht es ihnen sofort viel besser. Viele sind bereits nach einer einzigen Behandlung schmerz- und beschwerdefrei."
- *Sie wird interessiert sein.*
- Frage sie, ob sie hin und wieder Kopfschmerzen hat.
- Dies wird sie dir bestätigen.
- Erkläre ihr, dass Kopfschmerzen oft mit Rückenproblemen zusammenhängen und von einer verhärteter Muskulatur oder einem eingeklemmten Nerv kommen können.
- Sage ihr, dass du diese Problematik täglich in der Praxis hast und erfolgreich therapierst.
- Biete ihr eine Massage an: „Wenn du möchtest, massiere ich dich und löse alle deine Verspannungen. Hast du Lust?"
- Sie wird JA sagen und mitkommen.
- Nimm sie mit zu dir nach Hause. Sie soll sich obenrum frei machen und auf den Bauch legen. Massiere eine halbe bis dreiviertel Stunde ihren Rücken, zuerst etwas kräftiger, dann zärtlicher. Sie wird es genießen.
- Bedanken wird sie sich mit einem Kuss oder dem Angebot, nun dich zu massieren.
- Du hast Sex mit ihr!

Der Verflossenen Trick

- Sprich abends in Bar oder Disco die Frau deiner Wahl an: „Entschuldigung, ... (Name deiner Ex)?"
- Sie wird dich seltsam anblicken.
- Frage sie: „Bist du nicht ... (Name deiner Ex)?"
- Sie wird verneinen.
- Entschuldige dich für die Verwechslung und sage, dass du sie mit deiner Ex-Freundin, der Liebe deines Lebens, verwechselt hast, mit der du 5 Jahre zusammen warst.
- Sage: „Du siehst genauso aus wie sie. Du bist genauso hübsch und hast diese unglaublich schönen Augen."
- *Sie wird verlegen und sich für dein Kompliment bedanken.*
- Lade sie zu einem Drink ein und erzähle ihr von deiner Ex. „Sie war das Beste, was mir je passiert ist, sie war die Frau meiner Träume. Hammerfigur, so wie du, bezauberndes Lächeln, so wie du, wunderschöne Lippen, so wie du, es ist so, als wärt ihr Zwillinge. Unglaublich, diese Ähnlichkeit! Wenn ich genau hinschaue, muss ich zugeben, dass du sogar noch hübscher bist als sie."
- Sie wird noch verlegener und dich süß anlächeln.
- Flirtet miteinander.
- Nach 20 Minuten sagst du: „Es ist schon seltsam, jetzt muss ich gar nicht mehr an meine Ex denken, sondern nur noch an dich. Was würde ich dafür geben, 1 Nacht mit dir zu verbringen."
- Lasse dich abschleppen.
- Du hast Sex mit ihr!

Der Scary Movie Trick

- Lade deine beste Freundin zum DVD-Abend ein.
- Kocht etwas Leckeres und genießt ein gutes Essen mit Rotwein.
- Lege die DVD *Scary Movie 2* ein und schaut euch den Film an.
- *Scary Movie 2* beinhaltet eine Szene, in der das Mädel dem Typ in der Gefrierkammer einen runterholt.
- Wenn der Film zu Ende ist, frage sie, ob sie das auch bei dir machen kann.
- 8 von 10 besten Freundinnen machen es.
- Du hast Sex mit ihr!

Der Buchautor Trick

- Gestalte am PC ein Buchcover mit dir als Autor (mit einem Foto von dir).
- Entwerfe einen schönen Werbeflyer für „dein" Buch (Postkartenformat) und lasse 100 Stück drucken.
- Gehe in deine Stammkneipe und lege (nach Absprache mit deinem Kumpel, dem Wirt) die Flyer in der Bar aus.
- Setze dich an den Tresen, trinke etwas und warte ab.
- Früher oder später wirst du von einer Frau angesprochen. Sie wird dir den Flyer hinhalten und dich fragen, ob du das bist. Bejahe dies.
- Sie wird das alles ganz spannend finden und dich über dein Buch ausfragen.
- Erzähle ihr, dass du Autor bist und diesese bereits dein drittes Buch ist.
- Sage: „Das erste heißt *Der Frühling der Liebe* und wurde bisher über 50.000 Mal verkauft. Es ist eine sehr romantische Geschichte. Das zweite Buch heißt *K.O.* und beschreibt das Leben eines Boxers mit allen seinen Exzessen. Auch dieses Buch war sehr erfolgreich."
- Sie wird mehr über deine Bücher wissen wollen und dich ausquetschen.
- Wenn das Gespräch auf dem Höhepunkt ist, schaue auf die Uhr und erschrecke: „Oh, es ist ja schon so spät. Ich glaube, ich gehe jetzt in die Heia. Schade nur, dass ich momentan keinen zum Kuscheln habe. Ich bin zurzeit nämlich Single."
- Sie wird dir ihre Gesellschaft anbieten.
- Nimm sie an und nimm sie mit.
- Du hast Sex mit ihr!

Der Fußballspieler Trick

- *Voraussetzung hierfür ist, dass du eine sportliche Figur hast. Wenn nicht, trainiere sie dir an.*
- Gehe in kompletter Fußballspielermontur (Trikot, Hose, Stutzen, Schuhe) an einem frühen Samstagabend in deine Stammkneipe und bestelle dir 1 Bier.
- Präpariere das Outfit so, als hättest du gerade gespielt.
- Warte, bis dich eine hübsche Frau anspricht.
- Erzähle ihr, du bist Stürmer beim … (Name des nächstgelegenen Zweit- oder Drittligavereins) und hast heute ein verdammt hartes Spiel gehabt.
- Sage: „Auf dem Platz ging es echt heftig zur Sache. Es war ein sehr hartes Spiel, die Fouls gingen durch Mark und Bein."
- *Sie wird das cool finden, Frauen stehen auf harte Kerle, auf Fußballer sowieso.*
- Sie wird mehr über das Spiel wissen wollen, und natürlich auch über dich. Beantworte ihre Fragen und erzähle über dich.
- Zeige dann auf deinen Oberschenkel und lasse sie mal fühlen, wie angeschlagen der Muskel ist.
- Offenbare ihr, dass auch deine Brust stark mitgenommen ist, du hast einen knallharten Ellbogencheck darauf bekommen. „Hier, fühl mal." Wenn sie dich berührt, zucke zusammen und sage, wie weh das noch tut.
- Vielleicht wird sie dir eine Regenerationsmassage vorschlagen.
- Wenn nicht, sage: „Oh Mann, ich bräuchte dringend eine wohltuende Regenerationsmassage. Würdest du das tun? Das wäre echt toll."
- 8 von 10 Frauen sagen JA.
- Nimm sie mit zu dir und lasse dich schön massieren.
- Du hast Sex mit ihr!

Der Blind Date Trick

- Organisiere dir ein Blind Date.
- Trefft euch in einem Restaurant zum Essen.
- Komme elegant gekleidet und überrasche sie mit 1 roten Rose.
- Sage ihr direkt zu Beginn: „Wow, du siehst echt klasse aus!"
- Flirte angeregt mit ihr und mache ihr Komplimente.
- *Frauen stehen auf Komplimente, so kriegst du sie.*
- Erzähle ihr, dass dies dein erstes Blind Date ist und du sehr glücklich bist, eine so hübsche Dame vor dir sitzen zu haben.
- Unterhaltet euch über Gott und die Welt.
- Lasst euch das Essen schmecken.
- Flirte weiter mit ihr.
- Frage sie, ob sie sich generell auch One Night Stands vorstellen kann und so etwas schon mal gemacht hat.
- Sie wird diese Frage bejahen.
- *Solche Frauen, die sich auf Blind Dates einlassen, sind One Night Stands gegenüber alles andere als abgeneigt.*
- Frage sie, ob sie damit zufrieden war.
- Sie wird auch diese Frage mit JA beantworten, jedoch einige Abstriche ziehen.
- Sage ihr, dass auch du One Night Stands sehr offen gegenüber stehst, jedoch muss die Frau dir natürlich richtig gut gefallen, und im Bett muss es einfach passen.
- Füge hinzu: „Ich glaube, mit uns würde das richtig gut klappen."
- Nach dem Nachtisch frage sie, ob sie Lust hat, den weiteren Abend mit dir zu verbringen.
- Wenn du dich gut verkauft hast, macht sie mit.
- Schleppe sie ab.
- Du hast Sex mit ihr!

Der Kollegin Trick

- Frage deine Lieblingskollegin, ob sie mal Lust hat, mit dir Essen zu gehen. Du kennst da ein ganz tolles, neues Restaurant in der Stadt.
- Vereinbart einen Abend und zieht dann nach der Arbeit gemeinsam los.
- Quatscht über die Arbeit und lästert zusammen über andere Kollegen ab.
- Schweife ins Private über und frage sie, was du wissen möchtest.
- Frage sie dann: „Weißt du eigentlich, dass du meine Lieblingskollegin bist?"
- Sie wird erstaunt verneinen und nachfragen.
- Sage: „Naja, du siehst super aus, bist witzig, hast wunderschöne Augen, einen sexy Body, ich freue mich jedes Mal, dich zu sehen und mit dir zu sprechen. Du hast einfach das gewisse Etwas für mich."
- Sie wird verlegen und sich für deine Komplimentsalve bedanken.
- Frage sie, ob du einen Wunsch frei hast.
- Sie wird JA sagen.
- *Wenn sie zögert, sage ihr, dass es nichts Schlimmes ist, sondern etwas ganz Schönes. Dann wird sie nachgeben und einverstanden sein, weil sie neugierig ist.*
- Wünsche dir einen Kuss.
- Wenn sie dir nur ein Busserl aufdrückt, sage: „Moment mal, nicht so ein Kuss. Einen richtigen!"
- Lasse dich richtig küssen und küsse mit.
- Schleppe sie ab.
- Du hast Sex mit ihr!

Der Fotograf Trick

- Richte dir ein Zimmer in deiner Wohnung als Fotostudio ein.
- Als Hintergrund benutze weißen Stoff.
- Baue eine Studioblitzanlage auf.
- Stelle eine rote Couch hinein, einen Tisch mit 2 modernen Stühlen, ein Schaffell, CD-Player und Laptop.
- Nicht zu vergessen die Spiegelreflexkamera, die du entweder schon hast oder dir kaufst.
- Gehe abends in der Bar oder Disco auf Jagd nach hübschen Mädels und frage sie, ob sie an einem Fotoshooting interessiert sind.
- Stelle dich als noch Hobby- und angehender Profifotograf vor und erzähle ihr, dass du gerade dabei bist, erste wichtige Kontakte mit der Modelbranche zu knüpfen.
- Um deinen Fotografiestil zu perfektionieren, suchst du Freiwillige, die sich gerne fotografieren lassen.
- Sage: „Und wenn ich die guten Kontakte habe, kann ich versuchen, dich als Model zu vermitteln. Tolle Fotos haben wir ja dann schon von dir. Da kannst du nebenher gut Geld verdienen."
- Spätestens da wird sie anbeißen.
- Wenn sie bei dir ist, shoote gut, was das Zeug hält. Zeige ihr die Fotos und lobe sie, wie hübsch sie ist und wie sexy sie auf den Bildern rüberkommt.
- Betone erneut, dass du dich gerne, wenn sie das möchte, für sie einsetzen wirst, dass sie ein Star wird.
- Als Dankeschön wird sie mit dir schlafen.
- Du hast Sex mit ihr!

Der Gips Trick

- Lasse dir deine rechte Hand eingipsen.
- Bist du künstlerisch begabt, kannst du dir einen Kunstgips basteln und diesen selbst anlegen.
- Gehe in die Disco und habe Spaß.
- Komme mit einem hübschen Mädel ins Gespräch.
- Sie wird dich fragen, was mit deiner Hand passiert ist.
- Erzähle ihr, dass du dir diese beim Eishockeyspiel gebrochen hast. Sie tut echt höllisch weh und du musst den Gips für 4 Wochen anbehalten.
- Sage ihr, dass das so nicht schlimm ist, aber was wirklich Scheiße ist, dass du dir jetzt keinen mehr runterholen kannst.
- Sie wird lachen und auf deine linke Hand deuten.
- Sage: „Naja, mit Links kann ich es nicht gut, das macht keinen Spaß. Das funktioniert nicht richtig. Ich mache es immer mit Rechts. Aber mit Rechts kann ich jetzt nicht. Das ist echt doof, weißt du? Ich bin abends immer so geil und kann es dann nicht machen. Fuck. Dann schlafe ich mit einem Steifen ein, völlig angespannt und nervös. Das ist kein Leben."
- Sie wird dir anbieten, das für dich zu übernehmen.
- Wenn nicht, frage sie, ob sie dir helfen kann und dir Erlösung schenken möchte. Du wärst ihr sehr dankbar dafür.
- *8 von 10 Mädels werden für dich Hand anlegen.*
- Du hast Sex mit ihr!

Der Konzert Trick

- Kaufe dir ein Stehplatzticket für ein Musikkonzert deiner Wahl. Kennst du dich mit den Songs des Künstlers aus, gut. Wenn nicht, lese und höre dich ein.
- Gehe auf dieses Konzert.
- Suche dir vor der Bühne einen Platz neben einer hübschen Frau, die dir gefällt.
- Bevor der Gig startet, komme mit deiner Auserwählten ins Gespräch und frage sie, ob sie ein Fan des Künstlers ist. In der Regel ist sie das.
- Gib dich auch als Fan aus und fachsimple mit ihr über die Songs.
- *Ihr werdet euch gut verstehen, schließlich habt ihr denselben Geschmack.*
- Wenn das Konzert startet, achte darauf, ob sie abgeht. Wenn ja, gehe mit. Wenn nein, gehe du ab und reiße sie mit.
- Mitsingen ist gut. Singe sie laut an und lasse dich von ihr ansingen.
- Flirtet singend miteinander.
- Nach dem Konzert lade sie glücklich auf einen Drink ein, aber nicht in der Halle, sondern in einer Bar ein paar Straßen weiter.
- Fachsimple mit ihr begeistert über das Konzert.
- Sage ihr, dass es ein wunderschöner Abend bisher war und du diesen gerne fortführen möchtest. Frage sie, ob sie Lust hat, noch mit zu dir zu kommen.
- 8 von 10 Frauen sagen an dieser Stelle JA.
- Du hast Sex mit ihr!

Der Wette Trick

- Gehe abends in eine Disco und quatsche eine Frau an, die dir gefällt.
- Trinkt etwas zusammen.
- Frage sie, mit wem sie da ist. In der Regel ist sie mit einigen Freundinnen da. Bitte sie höflich darum, dass sie dich ihnen vorstellt.
- Dann rede weiter mit ihr.
- Frage sie plötzlich: „Hast du Lust auf eine Wette?"
- Sie wird neugierig sein.
- Frage sie, ob sie sich mit Männern gut auskennt.
- Sie wird JA sagen und aufreizend dabei grinsen.
- Sage: „Wirklich? Okay, pass auf. Wer von euch Mädels am besten rät, wie lang mein Johnny ist, dem spendiere ich 1 Getränk nach Wahl. Wenn du die Gewinnerin bist, spendiere ich dir alle Getränke heute Abend."
- Sie wird dich völlig perplex anschauen.
- Frage nach: „Ist das ein Deal? Wenn du gewinnst, hast du heute Getränke frei Haus."
- Wenn sie weiter zögert, hake nach: „Hey, ich denke, du kennst dich mit Männern gut aus …?"
- Schlage ihr vor, sie soll die Wette mit ihren Freundinnen besprechen.
- 8 von 10 Freundinnengruppen nehmen diese Wette an.
- Erkläre den Mädels, es geht um die Länge im erigierten Zustand.
- Lasse sie jeweils einen Tipp abgeben.
- Rechne 4 cm dazu und verkünde stolz das Ergebnis.
- Lobe die Siegerin und spendiere ihr den Wetteinsatz.
- Oftmals werden hier die unterlegenen Frauen darauf bestehen, kontrollieren zu dürfen. Nimm sie dazu alle mit zu dir nach Hause und vernasche sie dort.
- Oder die Siegerin beansprucht dich für sich und möchte statt dem Drink eine andere Belohnung. Dann nimm sie ebenfalls mit zu dir.
- In jedem Fall: Du hast Sex mit ihr / ihnen!

Der Reporter Trick

- Gehe an einem Samstag in die Innenstadt und gib dich als Reporter aus.
- *Als Utensilien organisiere dir einen Stapel Fragebögen und einen Kugelschreiber.*
- Sprich die Frau deiner Wahl an und stelle dich als Reporter für RTL vor.
- Erkläre ihr, dass du für eine Studie unterwegs bist, die analysiert, wie deutsche Single-Frauen leben. Frage sie, ob sie Single ist. Wenn ja, bist du richtig bei ihr. Wenn nein, suche dir eine andere.
- Schlage einen gemütlichen Plausch bei einer Tasse Kaffee vor.
- Frage sie nach ihrem Alter und wie lange sie Single ist.
- Trage die Daten in deinen Fragebogen ein.
- Frage sie, was sie beruflich macht.
- Frage sie nach ihren Hobbys.
- Frage sie, was sie von One Night Stands hält.
- Frage sie, wie viele richtig feste Beziehungen und wie viele Sexualpartner sie bisher hatte.
- Frage sie, wie wichtig ihr Sex ist.
- Frage sie, was sie an Männern toll findet.
- Frage sie, ob sie sich selbst attraktiv findet.
- Frage sie, ob sie glücklich ist.
- Frage sie, was ihre Wünsche und Träume sind.
- Schreibe alles fleißig mit und führe intensiven Blickkontakt mit ihr.
- Frage sie abschließend, ob sie dich attraktiv findet. Erkläre ihr, dass diese Frage zum Test gehört. Wenn sie JA antwortet, frage weiter, ob sie es sich vorstellen könnte, einen One Night Stand mit dir zu haben. Auch diese Frage ist wichtig für die Gesamtauswertung.
- Wenn sie JA sagt, will sie es auch.
- Du hast Sex mit ihr!

Der Sauna Trick

- Richte dir zu Hause eine Sauna ein.
- Organisiere dir dazu 4 Heizstrahler und positioniere sie in einem Viereck. In die Mitte legst du 2 Handtücher auf den Boden.
- Lerne abends in der Bar oder sonstwo eine attraktive Frau kennen.
- Erzähle ihr, dass du Sauna-Fan bist und sogar eine eigene Sauna zu Hause hast.
- *3 von 4 Frauen mögen Sauna, also stehen deine Chancen gut, dass sie anbeißt.*
- Schwärme ihr weiter von deiner exklusiven Sauna vor und dass du sie jeden Abend nutzt.
- Frage sie, ob sie Lust hat, dein Gast zu sein. Sage ihr: „Du wirst begeistert sein, so eine Sauna wie diese hast du noch nie gesehen."
- Sie wird mitkommen.
- Führe sie in deinen Saunaraum und präsentiere ihr deine Sauna.
- Sie wird lachen und das Ganze für einen Scherz halten.
- Sage „Aber nein", schalte die Heizstrahler auf volle Power, ziehe dich ganz aus und setze dich aufs Handtuch.
- Locke sie mit einem heiteren, augenzwinkernden „Na komm schon" zu dir. „Hier ist es wunderschön warm, wie in der Sauna."
- 8 von 10 Frauen werden an dieser Stelle sich ausziehen und zu dir gesellen.
- Schwitzt zusammen.
- Betrachte dabei auffällig ihren Body und sage ihr, dass sie wunderschön ist.
- Du hast Sex mit ihr!

Der Kamasutra Trick

- Lese dich ins Kamasutra ein.
- *Kamasutra ist ein bekanntes, indisches Werk für Liebhaber der Leidenschaft und beinhaltet viele exotische Sexstellungen!*
- Informiere dich über Indien.
- Gehe in eine Bar und komme locker mit einer Frau ins Gespräch.
- Leite das Thema auf deine zahlreichen Indienreisen und erzähle ihr, wie spannend und aufregend das Land ist.
- Frage sie, ob sie Kamasutra kennt.
- Erkläre ihr, dass Kamasutra die indische Liebeskunst ist und viele tolle Stellungen beinhaltet.
- Erzähle, dass seitdem du Kamasutra praktizierst, dein Sexleben viel schöner und geiler ist als früher.
- Frage: „Kennst du die Rossantilope oder den Schmetterling? Geil sind auch der Patronengurt und der Klammergriff."
- Sie wird hören und staunen.
- Wenn sich dich bittet, ihr die Positionen zu beschreiben, sage ihr, dass dies zum Beschreiben ziemlich kompliziert ist, du könntest sie ihr aber zeigen.
- Schleppe sie ab.
- Du hast Kamasutra-Sex mit ihr!

Der Charlie Sheen Trick

- Kaufe dir eine Charlie-Sheen-Maske.
- Gehe auf eine Kostümparty.
- Du hast Sex mit der Frau deiner Wahl!

Der Schlangen Trick

- Gehe auf eine Reptilienmesse.
- Suche dir eine Frau aus, die dir gefällt.
- Geselle dich zu ihr und starte über das Tier, das ihr gerade seht, die Konversation.
- Stelle dich ihr vor und frage sie, was ihre Lieblingsreptilien sind. Diese sucht ihr auf und bewundert sie.
- Gib dich als Reptilienfreund aus und erzähle ihr, dass du Besitzer einer einzigartigen Schlange bist. Beschreibe sie so: „Die ist wunderschön, ziemlich lang und immer hungrig."
- Sie wird nachfragen und interessiert sein.
- Schwärme ihr weiter von deiner Schlange vor.
- Frage sie schließlich, ob sie Lust hat, sich deine Schlange mal anzusehen.
- 8 von 10 Frauen wollen.
- Nimm sie nach der Messe mit zu dir nach Hause, öffne den Reißverschluss deiner Jeans und präsentiere ihr deine Schlage: „Hier ist sie. Sie ist wunderschön, ziemlich lang und immer hungrig." Grinse dabei verführerisch.
- Du hast Sex mit ihr!

Der Wettbewerb Trick

- Frage deine Freundin, wie überzeugt sie von ihren Sexkünsten ist.
- Sie wird davon sehr überzeugt sein.
- Frage sie: „Glaubst du, du kannst mich schneller zum Orgasmus bringen als jede andere Frau?"
- Sie wird dies voller Selbstbewusstsein bestätigen.
- Sage: „Okay, was hältst du von einer Wette? Du organisierst eine gute Freundin von dir, und dann probieren wir das aus. Wer mich schneller zum Orgasmus bringt, hat gewonnen."
- 8 von 10 Frauen finden diesen Gedanken reizvoll und nehmen die Wette an, da sie davon überzeugt sind, die Beste zu sein.
- Lasse sie nach einer geilen Freundin suchen, die Lust auf dieses Spiel hat.
- Wenn der Tag gekommen ist und ihr zu dritt seid, erkläre die Regeln. Der Gast darf zuerst, dann, nach 1 Stunde Pause, deine Freundin. Erlaubt ist dabei alles außer Geschlechtsverkehr.
- Los geht´s! Gestoppt wird ab der ersten Berührung. Das geile Gastluder bringt dich zum Orgasmus.
- 1 Stunde später ist deine Freundin dran. Auch hier wird ab erster Berührung gestoppt. Deine Freundin macht dir deinen Orgasmus.
- Stellt fest, wer der Sieger ist.
- Wenn du noch kannst, spendiere den beiden als Belohnung später einen flotten Dreier.
- Du hast Sex mit beiden!

Der Amateurporno Trick

- Gehe auf eine Erotikmesse und suche dir eine hübsche Frau aus.
- Komme mit ihr ins Gespräch und unterhaltet euch über die Messe.
- Schnell stellst du fest, wie offen sie in Sachen Sex drauf ist.
- Frage sie, ob sie schon einmal einen Amateurporno gedreht hat.
- Erzähle ihr, dass du so etwas schon immer mal machen wolltest, nur deine Ex-Freundinnen seien zu verklemmt gewesen dafür.
- Sage ihr, dass du Sex vor der Kamera absolut geil und reizvoll findest.
- Hat sie Erfahrung damit, frage sie, wie das für sie war. Sage dann: „Wow, jetzt hast du mich so geil gemacht, dass ich einen Steifen in der Hose habe."
- Hat sie noch keine Erfahrungen, frage sie, ob es sie mal reizt.
- Schaue sie von oben bis unten scharf an und sage: „Also, mit dir könnte ich mir das echt gut vorstellen. Hast du Lust?"
- Wenn ja, schleppe sie ab.
- Du hast Sex mit ihr!

Der Restaurant Chef Trick

- Reiße bei einem Anlass deiner Wahl eine hübsche Frau auf.
- Flirte mit ihr.
- Frage sie, ob sie Lust hat, mal mit dir Essen zu gehen.
- Schlage dein Lieblingsrestaurant vor (, dessen Chef du gut kennst).
- *Wichtig ist, dass sie in diesem Restaurant noch nie Essen war. Wenn doch, schlage ihr ein anderes vor, wo du ebenfalls gute persönliche Kontakte zum Chef hast.*
- Gehe allein ins Restaurant und bitte den Chef um seine Unterstützung.
- Erkläre ihm, dass du die Tage ein Rendezvous hier hast und dich als Chef des Restaurants ausgeben möchtest.
- *Wenn ihr euch gut kennt, ist das in der Regel kein Problem und er spielt gerne mit.*
- Führe deine Herzdame in das Restaurant und lasse dich vom Chef am Empfang mit „Hallo Chef!" begrüßen.
- Sie wird Augen machen und am Tisch nachfragen.
- Erkläre ihr souverän, dass es stimmt, dass du der Chef dieses Restaurants bist und noch 5 weitere in Deutschland besitzt.
- Speist vornehmlich.
- Nach dem Dessert – Vanilleeis mit heißen Himbeeren – schmelzt sie für dich dahin.
- Nimm sie mit.
- Du hast Sex mit ihr!

Der Geburtstagsparty Trick

- Lerne auf einer Geburtstagsparty eine Frau kennen.
- Sprecht über eure Gemeinsamkeit: das Geburtstagskind. Seit wann kennt ihr es, was verbindet euch mit ihm?
- Stoßt gemeinsam auf das Geburtstagskind an.
- Zieht euch in eine ruhigere Ecke der Veranstaltung zurück und werdet persönlicher.
- Organisiere ein paar Knabbereien, am besten Schokolade oder Pralinen.
- Frage sie, ob sie Lust auf die längste Praline der Welt hat.
- Sie wird JA sagen.
- Sucht ein leeres Zimmer auf, schließe ab und zeige ihr deine lange Praline.
- Du hast Sex mit ihr!

Der Umzieh Trick

- Lade eine Arbeitskollegin, die dir gefällt, zu dir nach Hause ein und schlage ihr vor, zusammen etwas Leckeres zu kochen.
- Organisiere es so, dass ihr beide nach der Arbeit zusammen zu dir nach Hause fahrt.
- Wenn ihr in der Wohnung seid, entschuldige dich kurz und sage, du möchtest dich schnell frisch machen und umziehen.
- Gehe ins Schlafzimmer und ziehe dein Oberteil aus.
- Oben ohne läufst du nun an ihr vorbei ins Bad. Sie wird gucken.
- Im Bad machst du dich frisch und läufst wieder oben ohne an ihr vorbei zurück ins Schlafzimmer.
- Im Schlafzimmer ziehst du dir Hose aus, holst dir neue Klamotten und gehst mit diesen – nur in Unterhose bekleidet – zu ihr ins Wohnzimmer.
- Dort ziehst du dich lässig neben ihr an. Agiere so, als wäre das alles total selbstverständlich.
- Entweder sie wird dich sofort nehmen oder auf dein Angebot warten.
- Wenn sie nichts unternimmt, lasse sie zappeln. Kocht zusammen und unterhaltet euch gut. Sie wird dir so von Minute zu Minute mehr verfallen.
- Spätestens nach dem romantischen Dinner und dem leckeren Nachtisch hat sie unbremsbare Lust auf dich.
- Du hast Sex mit ihr!

Der Schöne Frau Trick

- Gehe in eine Sauna.
- Warte ab, bis du mit einer sexy Frau alleine schwitzt.
- Starte Blickkontakt mit ihr und betrachte ihren schönen Körper gezielt, bis du einen Steifen hast.
- Decke verschämt dein Handtuch drüber und sage: „Sorry, ich hoffe, es stört Sie nicht, dass ich jetzt eine Erektion bekommen habe, aber bei einer so attraktiven Frau wie Ihnen ist das ja wirklich kein Wunder."
- Sie wird sich geehrt fühlen und sagen, dass es schon okay und für sie kein Problem ist.
- Erkläre ihr: „Nicht dass Sie denken, ich sei ein Lüstling oder ein Spanner, das ist mir echt noch nie in der Sauna passiert, und ich gehe regelmäßig, aber Sie sind halt genau mein Typ Frau."
- Betrachte sie und füge hinzu: „Sie sind wunderschön, super sexy, Hammer."
- Nach ein paar Minuten schlage ihr eine Abkühlung vor. Geht zusammen aus der Sauna ins Kaltbecken oder unter die kalte Dusche.
- Frage sie, ob sie Lust auf eine schöne Ganzkörpermassage hat.
- 8 von 10 Frauen sagen JA.
- Massiere sie zärtlich, der Rest ergibt sich.
- Du hast Sex mit ihr!

Der Shopping Trick

- Gehe in ein schickes Kleidungsgeschäft und suche nach einem neuen Sakko.
- Sprich eine Frau, die dir gefällt und ebenfalls am Shoppen ist, an, ob sie dir kurz helfen kann.
- Erkläre ihr, dass du ein neues, schickes Sakko brauchst und gerne ihre Einschätzung hättest.
- *Wenn sie JA sagt, gefällst du ihr.*
- Zeige ihr ein paar verschiedene Modelle und frage sie, welche ihr am besten gefallen.
- Diese ziehe an und präsentiere dich ihr.
- Sie wird dich beraten.
- Sucht gemeinsam nach weiteren Sakkos und wiederholt das Präsentieren und Bewerten.
- Wenn ihr fündig geworden seid und euch für ein Sakko entschieden habt, frage sie, was für ein Hemd sie dazu empfiehlt.
- Probiere ein paar an und findet gemeinsam das richtige Hemd.
- Als Dankeschön für ihre tolle Beratung lade sie auf einen Kaffee oder einen Cocktail ein.
- *Wenn sie annimmt, hat sie großes Interesse an dir.*
- Stoßt zusammen auf den tollen Kauf an.
- Greife zu.
- Du hast Sex mit ihr!

Der Callboy Trick

- Suche dir eine hübsche Single-Frau aus und finde heraus, wo sie wohnt.
- Kleide dich schick und klingle abends bei ihr.
- Wenn Sie öffnet, überreiche ihr 1 rote Rose und sage: „Hier, die ist für dich."
- Sie wird perplex sein und fragen, was denn das Spektakel soll.
- Stelle dich vor und erkläre ihr, dass du ihr Geschenk des Abends bist.
- Sage: „Eine gute Freundin möchte dir eine Überraschung machen und hat mich engagiert. Ich bin professioneller Callboy und gehöre heute Nacht dir."
- *Immer mehr Single-Frauen suchen professionelle One Night Stands mit einem Callboy.*
- Wenn sie dich herein bittet, ist alles geritzt.
- Verhalte dich den Abend höflich und stilvoll, dränge ihr nichts auf, sondern lasse alles geschehen.
- Du hast Sex mit ihr!

Der XXL-Kondom Trick

- Kaufe dir eine Packung XXL-Kondome.
- Gehe abends in die Disco.
- Drücke der Frau, die dich interessiert, ein einzeln verpacktes XXL-Kondom in die Hand und schaue sie reizvoll mit hochgezogener Augenbraue an, ohne ein Wort zu sagen.
- 8 von 10 Frauen schleppen dich daraufhin ab.
- Du hast Sex mit ihr!

Der eBay Trick

- Versteigere bei eBay eine Nacht mit dir.
- Schreibe ein paar nette Zeilen über dich und setze ein schickes Foto von dir ein.
- Betrachte den Auktionsverlauf und biete kräftig mit, um den Preis zu steigern.
- Schließlich gibt es eine Gewinnerin.
- In einem Hotel in deiner Nähe, das sie bezahlt, trefft ihr euch.
- Du hast Sex mit ihr!

Der eBay Deluxe Trick

- Versteigere bei eBay noch einmal eine Nacht mit dir.
- Schreibe ein paar nette Zeilen über dich und setze ein schickes Foto von dir ein.
- Setze diesmal einige Bietbedingungen auf, die deinen Wünschen entsprechen, z.b. Alter 18-30, Gewicht 45-60 kg, blond, attraktiv etc.
- Betrachte den Auktionsverlauf und biete kräftig mit, um den Preis zu steigern.
- Schließlich gibt es eine hübsche Gewinnerin.
- In einem Hotel in deiner Nähe, das sie bezahlt, trefft ihr euch.
- Du hast Sex mit ihr!

Der Bettenkauf Trick

- Gehe in ein edles Möbelhaus und schaue dich nach einem schönen Bett um.
- Sorge dafür, dass du von der attraktivsten Verkäuferin beraten wirst.
- Erkläre ihr, dass du ein neues Bett suchst, speziell die Matratze soll sehr gut sein.
- Lasse dir ein paar sehr gute Matratzen zeigen und mache den Liegetest so, dass ihr immer nebeneinander auf der Matratze liegt und euch im Liegen über die Matratze unterhaltet.
- Frage sie jeweils, wie sie persönlich die Matratze findet und folge aufmerksam ihren Ausführungen. Fühle mit und gib ihr deine Auffassung kund.
- Wenn du dich schließlich nach zig Matratzen für eine entschieden hast, widmet euch dem Bett.
- Sage ihr, dass du ein schönes, romantisches Bett suchst.
- Lasse dir eine Auswahl zeigen und entscheide dich nun für eines.
- Bedanke dich für ihre top Beratung und frage sie: „Und wann wollen wir das Bett gemeinsam einweihen?"
- Sie wird im ersten Moment perplex sein.
- Wenn sie dich toll findet, wird sie anbeißen und dir das Date bestätigen.
- Du hast Sex mit ihr im neuen Bett!

Der Poker Trick

- Lerne Pokern.
- Lade eine gute Freundin zum spannenden und lustigen Pokerabend ein.
- Wenn die Stimmung gut ist und ihr schon das eine oder andere Gläschen Alkohol intus habt, schlage ihr folgende Wette vor: „Wer eine Runde verliert, muss ein Kleidungsstück ausziehen."
- Pokert.
- Ihr beide legt immer mehr Kleidung ab, so lange, bis einer nackt ist.
- Der Rest ergibt sich.
- Du hast Sex mit ihr!
- *Tipp: Dieses Spiel geht auch mit mehreren Mädels!*

Der Anna Trick

- Gehe auf eine Party und suche dir eine hübsche, junge Frau aus.
- Sprich sie an und erkläre ihr, dass du ein Kumpel ihrer Freundin Anna bist.
- Schüttelt sie den Kopf, sage: „Na, Anne, die kennst du doch."
- 90 % aller deutschen Frauen kennen eine Anna oder eine Anne gut.
- *Andere Namensoptionen sind Maria/Marie, Steffi/Stefanie, Caro/Carolina/Caroline, Nicola/Nicole etc.*
- Versuche, keine weiteren Details zu nennen und schnell ins Gespräch zu kommen.
- Erzähle ihr, dass du mal mit Anna zusammen warst und ihr eine tolle Zeit miteinander hattet.
- Überzeuge sie schließlich, dass du der Richtige für sie bist: „Sag mal, wollen wir beide heute Nacht nicht zusammen den Mount Everest erklimmen?"
- Wenn sie Bergsteigen nicht mag, schlage ihr eine Zündung der Rakete ins Paradies vor.
- Du hast Sex mit ihr!

Der Maskenball Trick

- Kostümiere dich als Zorro, Batman oder Vampiro und gehe auf eine Maskenballparty in die Disco.
- Suche dir einen schönen Körper aus und frage die Besitzerin: „Hast du Lust zu poppen? Die Masken bleiben aber an."
- 8 von 10 Maskenfrauen sind neugierig genug und sagen JA.
- Du hast Sex mit der Unbekannten!

Der Einkaufs Trick

- Schreibe dir einen Zettel voller Einkaufswaren.
- Gehe in einen großen Supermarkt einkaufen.
- Irre mit dem halb gefüllten Einkaufswagen in den Gängen umher.
- Sprich die erste, hübsche Frau an und frage sie, ob sie dir helfen kann.
- Erkläre ihr, dass du neu in der Stadt und zum ersten Mal hier in diesem Laden einkaufen bist. Zeige auf den Wagen und sage: „Ich habe schon einiges gefunden, aber die Gewürze leider nicht. Wissen Sie, wo die sind?"
- Sie wird dich hilfsbereit hinführen.
- „Und dann brauche ich noch Spaghetti-Nudeln und Bolognese-Soße."
- Auch die wird sie dir gerne zeigen.
- „So, und zu guter Letzt Fladenbrot."
- Wenn ihr dies besorgt habt, lächle sie an: „So, nun habe ich alles für einen Single-Haushalt beisammen."
- Als Dankeschön lade sie gleich noch am selben Abend zum Essen zu dir nach Hause ein und tease sie, dass du zwar kein begnadeter Allroundkoch bist wie sie sicherlich, aber dafür der beste Spaghetti-Macher der Welt.
- Wenn sie die Einladung heute oder für einen anderen Abend annimmt, weißt du, was sie will.
- Nach dem Essen hast du Sex mit ihr!

Der Ex One Night Stand Trick

- Lausche dem Gespräch zweier Frauen, von denen du eine haben willst.
- Gute Plätze hierzu sind Disco, Party, Café, Bar, S- oder U-Bahn-Haltestelle.
- Höre heraus, wie deine Prinzessin mit Vornamen heißt.
- In einem guten Moment, wo sie gerade allein ist, gehe auf sie zu und umarme sie mit einem freudigen „Hallo … (ihr Vorname)".
- Sie wird überrascht sein und dich fragen, woher du sie kennst.
- Sage: „Wir beide hatten mal eine wunderschöne Nacht zusammen, vor ein paar Jahren."
- Wenn sie misstrauisch ist, füge hinzu: „Naja, du hattest an dem Abend einiges intus … es war eine wirklich geile Nacht. Du bist dreimal gekommen."
- *Da 4 von 5 Frauen schon mal besoffen einen One Night Stand hatten und sich nicht mehr genau daran erinnern können, stehen deine Chancen gut, dass sie dir glaubt.*
- Wenn sie anbeißt, schwärme ihr weiter von der Nacht mit ihr vor und gestehe, dass du bis heute an den geilen Sex mit ihr denkst.
- Frage sie, ob sie Lust hat, dieses geile Ereignis mit dir zu wiederholen?
- 8 von 10 Frauen sagen JA.
- Du hast Sex mit ihr!

Der DJ Kumpel Trick

- Gehe in eine Disco, wo ein befreundeter DJ auflegt.
- Weihe ihn in deinen Plan ein.
- Kurz vor Mitternacht soll er sich das Mikro schnappen und verkünden: „Aufgepasst, liebe Freunde, in wenigen Sekunden feiert ein ganz besonderer Mensch Geburtstag: mein Kumpel … (dein Name)!"
- Du stehst auf der Tanzfläche im Spotlight und erhältst so die Aufmerksamkeit aller Gäste.
- Der DJ weiter: „Feiert ihn hoch und stoßt mit ihm an. Noch ein Tipp an alle Ladies: Er ist Single, also greift zu!"
- Warte ab, was passiert.
- Von den Ladies, die dich anbaggern, suche dir die Beste aus.
- Du hast Sex mit ihr!

Der Porsche Trick

- Miete dir für einen Tag einen Porsche.
- Fahre damit an einem Samstag oder Sonntag in der Einkaufsmeile der Stadt auf und ab.
- Parke schließlich und setze dich an einen außenliegenden Tisch eines Cafés, an dem du ständig vorbeigedüst bist.
- Lege den Porscheschlüssel auf den Tisch, bestelle etwas zu trinken und warte ab.
- Schnell wird dich eine interessierte Frau, ebenfalls Gast des Cafés, erkennen und zu dir kommen.
- Spendiere ihr ein Getränk und warte auf ihr geiles Angebot.
- Du hast Sex mit ihr!

Der Bordell Casting Trick

- Gehe in ein Bordell.
- Suche dir die geilste Tussi aus.
- Im Zimmer erkläre ihr, dass du Pornoproduzent bist und immer auf der Suche nach Talenten.
- Frage sie, ob sie an Gagen von 2.000 Euro und mehr pro Drehtag interessiert ist.
- Sage: „Pass auf: Wenn du wirklich gut bist, hast du eine Chance auf einen Vertrag. Du hast jetzt eine halbe Stunde Zeit, mich zu überzeugen. Gib dein Bestes."
- Wenn sie nach Bezahlung fragt, antworte: „Sag mal, kennst du Castings, in denen die Produzenten zahlen? Mädel, du hast hier die Chance auf mächtig Kohle und eine steile Karriere, also nutze die Gelegenheit, oder ich caste eine andere Tussi hier im Haus."
- Du hast Sex mit ihr!
- Genieße die Zeit! Sie wird alles geben und dich richtig geil befriedigen.
- Danach ziehe dich an und sage: „Das war ganz gut, du bist in der engeren Auswahl dabei. Du hörst von mir."
- Verlasse zufrieden das Bordell.

Der Bordell Casting Deluxe Trick

- Gehe in ein anderes Bordell.
- Suche dir die obergeilste Tussi aus.
- Im Zimmer erkläre ihr, dass du ein bedeutender Produzent der größten deutschen Pornoproduktionsfirma bist und auf der Suche nach neuen Talenten.
- Frage sie, ob sie an Gagen bis zu 3.000 Euro pro Drehtag interessiert ist.
- Sage: „Pass auf: Wenn du wirklich gut bist, hast du eine Chance auf einen Vertrag. Du hast jetzt eine halbe Stunde Zeit, mich zu überzeugen. Gib dein Bestes."
- Wenn sie nach Bezahlung fragt, antworte: „Sag mal, kennst du Castings, in denen die Produzenten zahlen? Mädel, du hast hier die Chance auf mächtig Kohle und eine steile Karriere, also nutze die Gelegenheit, oder ich caste eine andere Tussi hier im Haus."
- Stelle eine Videokamera auf und starte die Aufnahme.
- Wenn sie fragt, was das soll, antworte: „Das hier ist ein Casting, und Castings werden gefilmt. Ich muss sehen, wie gut du dich vor der Kamera bewegst, ob das geil kommt oder nicht. Also gibt dir Mühe!"
- Du hast Sex mit ihr!
- Genieße die Zeit! Sie wird alles geben und es dir megageil besorgen.
- Danach ziehe dich an und sage: „Das war ganz gut, du bist in der engeren Auswahl dabei. Du hörst von mir."
- Verlasse befriedigt mit der Sexaufnahme das Bordell.
- Schaue dir das Tape zu Hause an und freue dich.

Der Sexshop Trick

- Gehe in einen Sexshop und schaue dich ein paar Minuten lang um.
- Frage die Verkäuferin, ob sie dir helfen kann.
- Erzähle ihr, dass du auf der Suche bist nach einem tollen Vibrator für deine neue Bettgespielin.
- Lasse dir die neuesten Modelle zeigen.
- Frage sie, welche sich am besten verkaufen.
- Frage sie, ob sie auch persönliche Erfahrungswerte hat und welchen sie dir empfehlen kann.
- Entscheide dich dann für diesen Vibrator.
- Frage sie nun nach Kondomen. Sage: „Ich brauche aber extrabreite, mein Penis ist lang und dick."
- Sie wird dir welche anbieten. Nimm sie.
- Frage sie nach einem guten Massageöl.
- Lasse dir eine Auswahl zeigen.
- Frage sie, welche sich am besten verkaufen.
- Frage sie, ob sie auch persönliche Erfahrungswerte hat und welches sie dir empfehlen kann.
- Entscheide dich dann für dieses.
- Bedanke dich bei ihr für die top Beratung und frage sie, ob sie am Abend schon etwas vorhat.
- Schlage ihr vor: „Ich brauche noch ein paar Tipps zum Einsatz des Vibrators, ich mache das zum ersten Mal. Vielleicht können Sie mir da helfen. Ich lade Sie heute Abend zum Essen ein, und dafür erhalte ich von Ihnen ein paar wertvolle Informationen aus erster Hand. Einverstanden?"
- Wenn sie annimmt, ist alles geritzt.
- Gesprächsthema vor, während und nach dem Essen ist Sex, sie wird vollends geil und will dich danach.
- Du hast Sex mit ihr!

Der Stille Trick

- Besorge dir Papierblock und Kugelschreiber.
- Gehe abends in die Disco.
- Suche dir eine hübsche Frau am Tresen aus und geselle dich zu ihr.
- Zücke den Block und schreibe folgenden Satz: *Glaubst du, dass es möglich ist, Sex mit jemandem zu haben, ohne davor auch nur ein Wort miteinander gesprochen zu haben?*
- Gib ihr Block und Kuli und warte auf Antwort.
- Sie wird dir eine Antwort aufschreiben.
- Nun bist du wieder dran.
- Dann wieder sie.
- Es entwickelt sich eine geile Konversation über Sex, ohne dass ihr miteinander redet. Alles geschieht schriftlich.
- Während der Aktion flirte mit deinen Augen immer intensiver mit ihr, aber sage kein Wort.
- Euer Dialog entwickelt sich langsam aber sicher zum Höhepunkt hin.
- Entweder sie macht dir zuerst das finale Angebot zum Sex, dann nimm schriftlich an und lasse dich abschleppen. Aber denke daran, Sprechen ist erst nach dem Sex erlaubt.
- Ansonsten stelle ihr schriftlich die entscheidende Frage: *Noch mal zurück zum Anfang: Glaubst du jetzt, dass es möglich ist, Sex mit jemandem zu haben, ohne davor auch nur ein Wort miteinander gesprochen zu haben?*
- Wenn sie schriftlich JA antwortet, gehe aufs Ganze: *Zu mir oder zu dir?*
- Du hast Sex mir ihr!

Der E-Mail Trick

- Schreibe deiner Lieblingskollegin, mit der du dich gut verstehst, die dir gefällt und von der du weißt, dass sie gerade Single ist, an einem Freitagnachmittag folgende E-Mail an ihre private Mailadresse: *Liebe ... (ihr Vorname), heute möchte ich dir etwas Wichtiges sagen. Ich kenne dich nun schon seit ... (... Monaten/Jahren) und die tägliche Zusammenarbeit und das Miteinander im Büro macht mir viel Spaß. Du bist eine ganz tolle Frau, weißt du das? Schon als ich dich das erste Mal sah, war mir das klar. Seitdem bist du hier im Büro für mich der Lichtblick. Deine schönen Augen sagen mehr als 1.000 Worte, deine Lippen lassen mich dahinschmelzen, dein Körper verschlägt mir die Sprache. Jeden Tag, wenn ich dich sehe, träume ich von dir, abends erst recht. Du weißt, ich bin zurzeit Single, und du bist es auch. Wenn du mich genauso gern hast wie ich dich, dann lade ich dich herzlich morgen Abend zu mir nach Hause ein. Wir können lecker Kochen und uns danach einen schönen Abend machen. Was passiert oder nicht, steht in den Sternen, alles kann, nichts muss. Antworte mir bitte nicht auf die Mail, sondern überrasche mich, wenn du Lust hast, morgen Abend um 18 Uhr. Ich erwarte dich: ... (deine Adresse). Ich wünsche dir noch einen schönen Abend und träume von dir. Ich hoffe, bis morgen. ... (dein Vorname)*
- Bereite alles vor und warte ab.
- Wenn sie kommt, will sie dich.
- Du hast nach oder sogar schon vor dem Essen Sex mit ihr!

Der Facebook Party Trick

- *Voraussetzung ist, dass du ein Profil bei Facebook hast. Wenn nicht, erstelle eines.*
- Verkünde deiner Facebook-Community eine exklusive „Ich finde dich geil!"-Party. Setze ein cooles Foto von dir dazu und erkläre: „Alle Mädels, die mich geil finden, sind zu dieser Party eingeladen."
- Gib eine bekannte Party-Location in deiner Nähe an.
- Alle Mädels, die kommen, sollen sich als Erkennungszeichen mit Lippenstift ein zartes, rotes Herz auf die Backe malen.
- Gehe in coolen Klamotten und topgestylt auf die Party.
- Warte ab, wie viele Mädels mit rotem Herz auf der Backe dich ansprechen.
- Genieße es.
- Suche dir die Beste aus und schleppe sie ab.
- Du hast Sex mit ihr!

Der Jogger Trick

- Gehe im Park joggen.
- Wenn eine hübsche Joggerin an dir vorbeiläuft, drehe um und folge ihr.
- Jogge im Abstand von 5 bis 10 Metern hinter ihr her.
- Sie wird dies bemerken und dich zur Rede stellen.
- Sage ihr, dass sie den schönsten Po hat, den du je gesehen hast, und warte ihre Reaktion ab.
- Erkläre ihr dann: „Tut mir leid, wenn ich Sie irritiert habe, aber – wie gesagt – Ihr Po hat es mir wirklich angetan. Dem musste ich einfach folgen."
- Frage sie, ob du ihr als Wiedergutmachung ein leckeres Eis spendieren darfst.
- Joggt in die nächste Eisdiele und unterhaltet euch während des Eisessens nett.
- Erkundige dich, wie sie ihren Po so wunderschön gestaltet und fit hält und ob sie neben Joggen noch andere Sportarten betreibt.
- Sage ihr, dass es dein größter Wunsch ist, ihren einzigartig schönen Po mal richtig zu sehen und vielleicht sogar berühren zu dürfen.
- 8 von 10 Frauen sagen hier JA.
- Du hast Sex mit ihr!

Der Thermen Trick

- Poste auf deinem Facebookprofil Anfang der Woche folgende Nachricht: *Hallo Mädels, wer von euch hat Lust, mit mir am kommenden ... (Samstag oder Sonntag), den ... (Datum) in die Therme ... (Name der Therme) zu gehen? Relaxen, Entspannen, Saunieren und Wohlfühlen stehen auf dem Programm. Zu zweit macht das mehr Spaß als alleine. Wer Lust hat, bitte bei mir melden!*
- Von den Bewerbungen suche dir das Mädel aus, welches dich am meisten anspricht.
- Verbringe mit ihr einen schönen Thermen- und Saunatag.
- Trage sie durchs Wasser und lasse dich tragen, massiere sie und lasse dich von ihr massieren.
- Anschließend hast du Sex mit ihr!

Der Robinson Club Camyuva Trick

- Mache Urlaub im Robinson Club Camyuva in der Türkei.
- Gehe abends an die Bar und frage eine hübsche Frau ganz direkt: „Hast du Lust auf Poppen?"
- 8 von 10 Frauen sind dabei.
- Du hast Sex mit ihr!

Der 25 Zentimeter Trick

- Lasse dir ein T-Shirt drucken, auf dem vorne groß steht: *25 Zentimeter!*
- Ziehe das Shirt an und gehe in die Disco.
- Suche dir von den Frauen, die dich anmachen, die Geilste aus.
- Du hast Sex mit ihr!

Der Salto Trick

- Gehe abends in ein Schwimmbad und lerne einen Salto vorwärts vom 1-Meter-Brett.
- Wenn du diesen kannst, lerne auch den Salto rückwärts vom 1-Meter-Brett.
- Wenn du mutig bist, lerne beides auch vom 3-Meter-Turm. Hier bietet sich auch der eineinhalbfache Salto vorwärts an.
- Gehe an einem Samstag- oder Sonntagnachmittag ins Schwimmbad und starte die Show mit deinem trainierten Salto vorwärts vom 1-Meter-Brett. Springe ihn sauber ein paar Mal.
- Nun zeige deinen tollen Salto rückwärts vom 1-Meter-Brett, ebenfalls ein paar Mal.
- Steige nun auf den 3-Meter-Turm und zeige von dort den Salto vorwärts, den Salto rückwärts und den eineinhalbfachen Salto vorwärts.
- Setze dich anschließend in einen Whirlpool und warte ab.
- Du wirst angemacht.
- Zeige ihr noch mal deine Show und schleppe sie danach in den Backstage-Bereich ab.
- In der Kabine hast du Sex mit ihr!

Der Traum Trick

- Gehe in die Disco und suche dir ein Mädel aus, das dir gefällt.
- Sprich sie an und erkläre ihr, dass du letzte Nacht von ihr geträumt hast.
- Sie wird dich unglaubwürdig anstarren.
- Sage: „Ehrlich, so wie du jetzt vor mir stehst, so habe ich dich gestern Nacht im Traum gesehen, du hattest genau dieselben Sachen an. Ich habe dich angesprochen und dich zu einem Drink eingeladen, wir haben uns prima unterhalten und miteinander getanzt. Wir hatten viel Spaß zusammen."
- Frage sie, was sie gerne trinken möchte und geht zusammen an die Bar.
- Unterhaltet euch.
- Fordere sie zum Tanz auf und tanze schön mit ihr.
- Unterhaltet euch weiter und flirte mit ihr.
- Frage sie, ob sie wissen möchte, wie dein Traum weiter ging.
- Erzähle ihr, dass ihr euch dann geküsst habt, es war ein sehr zärtlicher, schöner Kuss, daraus wurde ein leidenschaftliches, intensives Knutschen. Schließlich habe sie dir in den Schritt gefasst und dich gefragt, ob du mit zu ihr kommst.
- „Und dann hatten wir geilen Sex miteinander."
- Sage ihr, dass sie dich jetzt küssen darf, wenn sie möchte. Schließe deine Augen und warte ab.
- 8 von 10 Frauen küssen dich und führen es fort, wie du beschrieben hast.
- Lasse dich abschleppen.
- Du hast Sex mit ihr!

Der Coaching Für Singles Buch Trick

- Kaufe dir das Buch „Der ultimative Coaching für Singles Ratgeber".
- *Dieses Buch enthält erstklassige Flirttipps & -tricks eines Paartherapeuten. Er erklärt darin die psychologischen Grundlagen für erfolgreiches Flirten in Theorie und Praxis und bietet einen hervorragenden Leitfaden, um erfolgreich beim anderen Geschlecht zu punkten.*
- *ISBN 978-3-940459-20-6, Shaker Media Verlag*
- Setze das Gelesene in die Tat um.
- Schnappe dir alle Frauen, die du willst.
- Du hast Sex mit ihnen!

Der 5 DVDs Zur Auswahl Trick

- Kaufe dir 5 DVDs: einen James Bond, einen Scary Movie, einen Harry Potter, einen Ice Age und einen Porno.
- Lade deine beste Freundin zum DVD-Abend ein.
- Sage ihr, du hast 5 neue DVDs da: James Bond, Scary Movie, Harry Potter, Ice Age und einen Porno.
- Packe alle DVD-Hüllen hinter deinen Rücken und fordere sie auf, eine zu ziehen, ohne dass sie sieht, welche.
- Wenn es der Porno ist, gut. Schaut ihn euch an und alles entwickelt sich von selbst.
- Du hast Sex mit ihr!
- Wenn es einer der anderen 4 Filme ist, schaut ihn euch an. Danach wird sie den Porno gucken wollen.
- Wenn ihr euch dann den Porno reinzieht, ergibt sich auch alles von selbst.
- Du hast Sex mir ihr!

Der Strapse Trick

- Kaufe sexy Strapse und Reizwäsche in der Größe, dass sie deiner besten Freundin passt.
- Lade deine beste Freundin zu dir ein.
- Kocht zusammen, esst zusammen, quatscht zusammen.
- Erzähle ihr, dass du eine neue Bettgespielin hast und für sie als Überraschung sexy Strapse und Reizwäsche gekauft hast.
- Zeige ihr die Teile.
- Frage sie, ob sie so etwas auch besitzt oder schon einmal getragen hat.
- Egal was sie antwortet, schlage ihr vor, sie soll die Teile doch mal anprobieren. Sage: „Das steht dir sicher verdammt gut."
- Wenn sie sich dir dann in Strapse und Reizwäsche präsentiert, lechze: „Mein Gott, siehst du sexy aus! Verdammt!"
- Sage ihr, sie soll sich drehen und bestaune sie von allen Seiten.
- Gestehe ihr, dass dir bei diesem Anblick ein Steifer gewachsen ist.
- Entweder macht sie den ersten Schritt und nimmt dich, oder gehe du auf sie zu und küsse sie.
- Du hast Sex mit ihr!

Der Massagekurs Trick

- Frage eine Freundin, Bekannte oder gute Kollegin, ob sie dir helfen kann.
- Erzähle ihr, dass du einen nebenberuflichen, halbjährigen Massagekurs machst. Der Kurs findet einmal wöchentlich statt und du möchtest zwischendurch das Erlernte ausprobieren, anwenden und üben.
- Frage sie, ob sie Lust hat, deine Versuchsperson zu sein.
- 8 von 10 Frauen sagen JA.
- Lasse sie zu dir nach Hause kommen. Bereite dein Bett kuschelig vor, dimme das Licht, lege Kuschelmusik ein.
- Ich empfehle dazu folgende CDs:
  * *Music of Love, ISBN 978-3-86858-656-5*
  * *Sounds of Heaven, ISBN 978-3-86858-805-7*
  * *Mystic Spirits, ISBN 978-3-86858-742-5*
  * *Honeymoon Suite * ISBN 978-3-95631-063-8*
- Sie soll sich obenrum frei machen und in Slip auf den Bauch legen.
- Mit Massageöl startest du die Massage.
- Massiere so professionell wie möglich, ohne Hintergedanken, so gewinnst du ihr Vertrauen und ihre Nähe.
- Beim dritten oder vierten Mal erzählst du ihr, dass du diesmal die thailändische Verwöhnmassage anwendest, die sehr zart und anregend ist.
- Streichle mehr als dass du massierst, konzentriere dich auf ihre Oberschenkel, vor allem die Innenseiten, und den unteren Rücken bis hin zum Poansatz.
- Das macht sie heiß.
- Schließlich wird sie sich umdrehen und dich nehmen.
- Du hast Sex mit ihr!

Der Visitenkarten Trick

- Lasse dir über Flyeralarm noble Visitenkarten drucken.
- Darauf schreibst du:
  Dr. jur. Michael Weinberger
  Schlossallee 1
  80331 München
- Miete für 1 Nacht 1 Zimmer in einem schicken Hotel der nächstgelegenen Großstadt.
- Fahre in diese Stadt.
- Gehe abends elegant gekleidet in eine schicke Bar und bestelle dir 1 Wein.
- Trinke ihn.
- Wenn sich eine attraktive Dame neben dich an die Bar gesellt, zücke deinen Geldbeutel und zahle. Dabei lässt du ein paar Visitenkarten auf den Tresen fallen, sodass sie vor ihr landen.
- Sie wird sie dir aufsammeln und geben, dabei einen Blick auf die Karte werfen und interessiert sein.
- Stelle dich als *Dr. Michael Weinberger, Jurist* vor und frage sie nach ihrem Namen.
- Komme mit ihr vornehm ins Gespräch und erzähle ihr, dass du geschäftlich unterwegs und nur für 1 Nacht hier bist.
- Sage ihr, dass du im Nobelhotel der Stadt residierst, im … (Name des Hotels).
- Lade sie auf einen Drink ein.
- Frage sie später, ob sie Lust hat, mit dir den Abend zu verbringen.
- Nimm sie mit ins Hotel.
- Du hast Sex mit ihr!

Der Witze Trick

- Suche dir im Internet gute Witze heraus.
- Präge dir die besten ein und lerne, sie lustig zu erzählen.
- Auf einer Geburtstagsparty oder Betriebsfeier wirst du zur Witzekanone.
- Setze immer wieder einen drauf und amüsiere die Leute um dich herum.
- Wenn deine Show vorbei ist, warte ab.
- Du wirst von einer Frau angesprochen, wie gut und lustig deine Witze seien.
- Unterhalte dich nett mit ihr.
- Die Initiative wird von ihr ausgehen.
- Lasse dich abschleppen.
- Du hast Sex mit ihr!

Der Tagebuch Trick

- Lege dir ein Tagebuch zu.
- Mache darin einige Einträge und Notizen.
- Schreibe als letzten Eintrag folgendes: *Habe heute wieder von ... (der Name deiner besten Freundin oder hübschen Bekannten) geträumt. Mein sehnlichster Wunsch ist es, einmal mit ihr zu schlafen. Ich finde sie so sexy, ihre wunderschönen Augen, ihre sinnlichen Lippen, ihre sexy Figur. Ich möchte von ihren Händen gestreichelt und verwöhnt werden. Ich möchte sie ganz eng an mir spüren. Sie ist so süß!*
- Lade deine beste Freundin/hübsche Bekannte zu dir ein.
- Platziere das Tagebuch im Wohnzimmer auf dem Tisch.
- Wenn sie kommt, sage ihr, sie soll es sich schon mal im Wohnzimmer gemütlich machen, du musst noch unter die Dusche.
- Während du duscht, wird sie im Wohnzimmer das Tagebuch entdecken.
- Neugierig wie Frauen sind, wird sie es nehmen und darin lesen.
- Sie wird den Eintrag über sich finden und lesen.
- Wenn du wieder kommst, wirst du von fast allen Frauen auf den Eintrag angesprochen, dann gestehe ihr, wie toll du sie findest und sie wird dich nehmen.
- In vielen Fällen nimmt sie dich auch sofort.
- Du hast Sex mit ihr!

Der Vibrator Trick

- Kaufe dir 3 unterschiedliche Vibratoren für Frauen, die ganz neu auf den Markt gekommen sind.
- Gehe abends in die Disco und komme mit einer attraktiven Frau ins Gespräch.
- Erzähle ihr, dass du beruflich für die Produktion & Herstellung von Vibratoren zuständig bist.
- Sie wird neugierig sein.
- Erkläre, dass Vibratoren sich ständig weiterentwickeln und immer besser auf die Bedürfnisse von Frauen abgestimmt werden.
- Sage: „Wir haben jetzt 3 ganz neue Vibratoren kreiert, die im Testlabor der absolute Renner waren. Die kommen erst in ein paar Wochen auf den Markt, aber ich habe sie natürlich schon."
- Schwärme weiter: „Die Frauen im Testlabor waren total begeistert. Viele von denen haben Orgasmusschwierigkeiten, aber mit diesen Vibratoren kamen sie supereasy zum Höhepunkt, manche gleich zu mehreren hintereinander!"
- Wenn sie dich nach den Teilen fragt und diese sehen möchte, nimm sie mit zu dir nach Hause, um sie ihr zu zeigen.
- Ansonsten frage sie: „Hast du Lust, dir sie mal anzusehen? Ich zeige sie dir."
- 8 von 10 Frauen sind mittlerweile so geil und sagen JA.
- Zu Hause zeigst du ihr die 3 Vibratoren. Der Rest ist geritzt. Sie will die Dinger unbedingt ausprobieren.
- Du hast Sex mit ihr!

Der Spirituelle Trick

- Mache eine spirituelle Ausbildung, z.B. zum *Spirituellen Heiler*, die in mehreren Blöcken stattfindet.
- Im Kurs findest du garantiert eine Frau, die dir zusagt.
- Während des Kurses lernst du sie kennen.
- Wenn Übungen anstehen, frage sie, ob ihr zusammen übt.
- So entwickelt sich eine vertrauensvolle Basis zwischen euch.
- Frage sie dann, ob sie Lust hat, die Übungen zwischen den Kursblöcken mit dir zu intensivieren. Schlage ihr vor: „Wir könnten uns zwischendurch treffen und unsere Chakren schön reinigen." (Oder andere Übungen, die ihr gelernt habt.)
- Bei dir oder ihr kommt ihr euch so näher.
- Reinigt euch, massiert euch, reist spirituell zusammen, tanzt euch frei etc.
- Irgendwann wird sie den ersten Schritt machen.
- Du hast Sex mit ihr!

Der Tanz Trick

- Lerne, richtig gut Freestyle zu tanzen.
- Gehe in die Disco zu zeige allen, was du drauf hast.
- Komme mit einem hübschen Mädel ins Gespräch und trinkt etwas zusammen.
- Gehe mit ihr auf die Tanzfläche und tanzt miteinander.
- Sie wird dir sagen, dass du wirklich gut tanzen kannst.
- Antworte ihr: „Im Bett bin ich genauso gut wie auf der Tanzfläche."
- Lasse dich abschleppen.
- Du hast Sex mit ihr!

Der Weltrekord Trick

- Sprich auf einer Party eines Kumpels ein Mädel an, das dir gefällt.
- Trinkt etwas zusammen.
- Erzähle, dass du im *Guinness Buch der Rekorde* stehst.
- Sie wird fragen, wofür.
- Antworte ihr: „Ich halte den Weltrekord im schnellsten Aus- und wieder Anziehen, 31 Sekunden."
- Sie wird erstaunt sein, aber auch andeuten, es in dieser Zeit ebenfalls zu schaffen, wenn nicht sogar diese Zeit zu unterbieten.
- Wenn nicht, reize und frage sie, wie lange sie schätzt, dass sie dafür braucht.
- Fordere sie auf, dies zu beweisen.
- Geht in ein Nebenzimmer, wo ihr alleine seid, schließt ab.
- Erkläre ihr, dass alle Klamotten aus- und dann wieder angezogen werden müssen.
- Erkläre dich bereit, es ihr vorzumachen.
- Ziehe dich nun schnellstmöglich komplett aus und wieder an.
- *Dies solltest du gut geübt haben, sodass du nahe an die Zeit des „Weltrekordes" herankommst.*
- Nun ist sie dran, du stoppst mit.
- 8 von 10 Frauen lassen sich auf dieses Spiel ein und ziehen sich wirklich komplett vor dir aus und wieder schnell an.
- Egal wie ihre Zeit ist, lobe sie und sage ihr, dass sie einen wunderschönen Körper hat.
- Gehe auf sie zu und küsse sie.
- Du hast Sex mit ihr!

Der Polen Trick

- Mache Urlaub in Polen.
- Gehe durch Warschau spazieren.
- Sprich jede hübsche polnische Frau an und gib dich als wohlhabender deutscher Mann auf der Suche nach einer polnischen Frau fürs Leben aus.
- Versprich ihr, sie mit nach Deutschland zu nehmen und ihr dort ein schönes, sorgenfreies Leben zu schenken.
- Du hast Sex mit ihr!
- Dann suche dir die Nächste und wiederhole den Trick!

Der 10 Minuten Trick

- Gehe in ein Bordell und schlage der Prostituierten deiner Wahl folgenden Deal vor: Wenn sie dich in unter 10 Minuten zum Orgasmus bringt, bekommt sie das Doppelte vom regulären Preis. Wenn sie es nicht schafft, musst du nichts zahlen, sie es aber trotzdem zu Ende bringen.
- Da alle Prostituierten von ihrem Können sehr überzeugt sind, werden 8 von 10 den Deal annehmen.
- *Voraussetzung ist, wenn du nichts bezahlen willst, dass du dich gut beherrschen und deinen Orgasmus hinauszögern kannst. Wenn du es nicht kannst, trainiere es dir an.*
- Stoppe die Zeit mit und genieße es.
- Nach 10 Minuten zeige und verkünde ihr, dass die Zeit abgelaufen ist und du die Wette gewonnen hast.
- Erkläre ihr, dass du mehrere Male kurz vor dem Kommen warst und dich unglaublich beherrschen musstest.
- Lasse sie es nun – wie abgemacht – zu Ende bringen.
- Genieße es!
- Gehe, ohne auch nur einen Cent bezahlt zu haben.
- *Wenn du möchtest, kannst du ihr eine Revanche anbieten. 8 von 10 Prostituierten werden sie annehmen und ihr Glück und Können an einem anderen Tag noch einmal versuchen.*

Der Verlassenen Trick

- Schreibe folgenden Brief: *Mein lieber ... (dein Name), ich verlasse dich! Wir hatten eine tolle Zeit zusammen. Niemand hatte bisher so viele schöne Dinge wie du mit mir unternommen. Kino, Theater, Konzerte – immer hattest du eine Überraschung für mich bereit. Es war auch klasse, wie du dich um den Haushalt gekümmert hast. Ich habe deinen Charme, deinen Humor und deine Besonnenheit sehr genossen. Nie werde ich die traumhaften Spaziergänge an den Norwegischen Fjorden vergessen, nie die paradiesischen Urlaube auf Hawaii, nie die Wochenendtrips nach London und Paris. Doch du hast mir einfach zu viel Freiheit gelassen. Michael, du weißt schon, mein Fitnesstrainer, ist völlig anders. Bitte vergiss mich! Carmen*
- Knülle den Brief zusammen, stecke ihn ein und gehe in eine Bar.
- Setze dich in die Nähe einer attraktiven Frau und betrinke dich.
- Stöhne und seufze vor dich hin, weine und sei am Boden zerstört.
- Wenn sie dich fragt, was los sei, gib ihr wortlos den zerknüllten Brief.
- Sie wird ihn lesen und kapieren.
- Sie wird sich um dich kümmern und dich trösten.
- 8 von 10 Frauen haben später am Abend Sex mit dir!

Der Pfiffige Trick

- Gehe in eine Disco.
- Wenn eine hübsche Frau den Schuppen verlassen will, sprich sie an: „Hast du nicht etwas vergessen?"
- Sie wird erstaunt fragen: „Was?"
- Antworte: „Mich!"
- Lasse dich abschleppen.
- Du hast Sex mit ihr!

Der Schlaf Mit Mir Trick

- Drucke dir einen schön gestalteten Zettel im A6-Format aus, auf dem steht: *Bitte sagen Sie jetzt nichts! Lächeln Sie einfach nur, wenn Sie mit mir schlafen möchten!* Dazu ein Smiley.
- Gehe in die nächste Stadtfußgängerzone und halte Ausschau nach Frauen, die dir gefallen.
- Gehe auf die Frau zu und überreiche ihr wortlos den Zettel.
- Wenn du Glück hast, schleppt sie dich ab.
- Du hast Sex mit ihr!

Der Schauspielfreundin Trick

- Gehe in eine Disco und suche dir eine attraktive Frau aus.
- Sprich sie an und bitte sie, dir zu helfen.
- Sage ihr, dass du von deiner Ex, mit der du vor ein paar Wochen Schluss gemacht hast, bedrängt wirst. Sie hat ein schweres Alkoholproblem und dich mit deinem nun ehemaligen besten Freund betrogen.
- Seitdem belästigt sie dich andauernd und baggert dich bei jeder Gelegenheit an, weil sie dich einfach zurückhaben will.
- Gerade hast du sie im Haus gesehen und möchtest sie nun abschrecken.
- Bitte die Frau, für den Abend deine Freundin zu spielen.
- 8 von 10 Mädels sagen JA.
- Tanze mit ihr, haltet Händchen, drücke sie an dich und flirtet zusammen.
- Küsse sie.
- 8 von 10 Mädels machen mit.
- Schleppe sie ab.
- Du hast Sex mit ihr!

Der Ganzkörpermassage Trick

- Gehe in eine Therme, die im Saunabereich auch Massagen anbietet.
- Entscheide dich für eine Ganzkörpermassage bei der attraktivsten Physiotherapeutin des Teams.
- *Bei einer Ganzkörpermassage wird zuerst die Rückseite, dann die Vorderseite massiert. Ein Handtuch bedeckt dabei den Intimbereich.*
- Zuerst massiert sie deine Rückseite. Entspanne und genieße.
- Wenn sie dann deine Vorderseite massiert, sorge dafür, dass du einen Steifen bekommst.
- Dein erigiertes Glied ist für sie deutlich sichtbar, es hebt das Handtuch an.
- Lächle sie verlegen an und entschuldige dich für deine Erektion. Sage: „Tut mir echt leid, ich hoffe, es stört Sie nicht, aber Sie massieren so schön und sind außerdem genau mein Typ. Ein bisschen peinlich ist mir das aber schon."
- Sie wird verlegen lachen und sagen, dass es okay ist.
- Sorge dafür, dass du deinen Steifen behältst.
- Immer, wenn Sie nahe an deinen Intimbereich rankommt, atme erregt und zittere leicht. Das macht sie scharf.
- Irgendwann können sich 8 von 10 Masseurinnen nicht mehr zurückhalten und ihre Hände wandern unter das Handtuch und massieren deinen Dong.
- Genieße die Handentspannung!

Der Floating Trick

- Recherchiere, wo es in deiner Nähe ein Floating-Center gibt.
- *Floating ist eine moderne Entspannung, bei der Personen mit Hilfe von konzentriertem Salzwasser in einem Floating-Becken, abgeschottet von Außenreizen, schwerelos an der Wasseroberfläche treiben. Angestrebt wird eine physische und mentale Wellnessentspannung, die durch Licht- & Tonspiele unterstützt wird. Es gibt Einzel- und Paar-Floating.*
- Kaufe einen Floating-Gutschein für 2 Personen (Floating-Dauer: 60 Minuten).
- Erzähle der Frau, die du für dich gewinnen möchtest, dass du einen Gutschein für Floating geschenkt bekommen hast.
- Frage sie, ob sie weiß, was Floating ist.
- Erkläre es ihr.
- Zeige ihr, dass der Gutschein auf 2 Personen ausgestellt ist und frage sie, ob sie Lust hat, mitzukommen.
- 8 von 10 Frauen sagen JA.
- Ihr werdet zum Floating-Becken gebracht und eingewiesen. Bevor ihr euch entkleidet und das Floating startet, sperrt ihr die Tür ab, somit seid ihr ungestört.
- Zieht euch nackt aus und steigt in das Becken.
- *Hat sie Probleme mit Nacktsein, mache du den ersten Schritt. Ziehe dich komplett aus und steige ins Becken. Fordere sie auf, dir zu folgen.*
- Das Floating startet. Ihr liegt ruhig und schwebend im runden Wasserbecken und lasst euch treiben.
- Irgendwann berührt ihr euch automatisch.
- Sorge dafür, dass ihr euch immer wieder und dabei immer intensiver berührt. Es ist sehr sinnlich und romantisch. Der Rest ergibt sich.
- Du hast Sex mit ihr im Wasser!

Der Zuckerwatte Trick

- Gehe auf ein Volksfest.
- Kaufe dir eine große, rosa Zuckerwatte.
- Suche dir ein hübsches Mädel aus.
- Sprich sie an und frage sie, ob sie mit dir die leckere Zuckerwatte essen möchte.
- Erkläre ihr, dass du mit deiner Freundin hergekommen bist, doch sie vor wenigen Minuten Schluss mit dir gemacht hat, dich einfach stehen ließ und knutschend mit ihrem Ex abgezogen ist.
- Sage: „Mir geht es jetzt gar nicht gut, und die Zuckerwatte möchte ich alleine nicht essen. Es wäre schön, wenn du mich dabei unterstützt."
- 8 von 10 Mädels tun es.
- Anschließend frage sie, ob sie Lust auf eine Runde Autoscooter hat.
- Fahre zusammen mit ihr ein paar Runden und forciere dabei den Körperkontakt zwischen euch.
- Dann setze das Programm in der Geisterbahn fort, wo du sie beschützend in den Arm nimmst.
- Alles Weitere ergibt sich von selbst.
- Du hast Sex mit ihr!

Der Butler Trick

- Gehe erneut auf ein Volksfest.
- Kaufe ein Lebkuchenherz.
- Schaue dich nach der süßesten Frau um.
- Sprich sie an: „Entschuldigung, aber ich möchte gerne der hübschesten Dame des Volksfestes einen Antrag machen: Ich bin bis heute Nacht dein Butler und tue alles, was du möchtest, wirklich alles."
- Dabei gehst du in die Knie und überreichst ihr das Lebkuchenherz.
- 8 von 10 Frauen springen auf die Tour an und cashen dich für den Abend.
- Sei ganz Gentleman, gleichzeitig frech und ein Filou.
- Wenn es nach Mitternacht ist, wird sie dich abschleppen und für deinen tollen Service belohnen.
- Du hast Sex mit ihr!

Der Kälte Trick

- Trainiere dir an, Kälte auszuhalten.
- Trainiere auch deinen Oberkörper im Fitnessstudio.
- Gehe im Winter, wenn es schweinekalt ist, ins Fußball-stadion des nächstgelegenen Bundesligavereins.
- Platziere dich in der Fankurve in Sichtweite einiger at-traktiver Frauen.
- Wenn das Spiel losgeht, ziehe Jacke, Pulli und T-Shirt aus, sodass du als Einziger oben ohne bist.
- Feuere dein Team an und suche Blickkontakt mit den Frauen. Mindestens eine wird ihn interessiert erwidern.
- *Als halbnackter Tänzer im frostigen Winter giltst du bei Frauen als coole Sau.*
- Entweder sie kommt zu dir und fängt das Gespräch an, oder du gesellst dich zu ihr und startest die Konversa-tion.
- Sie wird dich fragen, ob dir nicht kalt ist. Antworte: „Ach was, Kälte macht mir nichts aus. Ich bin Extrem-sportler. Tauchen im Eismeer, Expedition in die Arktis, ohne Sauerstoffgerät hoch auf den Mount Everest, mein Körper ist knallhart austrainiert, ich habe jeden Muskel, jedes Organ im Griff. Da machen mir dir paar Minus-grade nichts aus."
- Sie wird dich noch cooler finden und dich wollen.
- Nach dem Spiel schleppst du sie ab.
- Du hast Sex mit ihr!

Der Promifoto Trick

- Lege dir eine Fotosoftware zu und lerne, Bilder zu bearbeiten.
- Suche dir Pics von bekannten Superstars und Prominenten aus dem Web und speichere sie auf deinem PC.
- Bearbeite die Bilder tricktechnisch so, dass du dich ins Foto einfügst, z.b. Handshake mit Arnold Schwazenegger, Kuss mit Paris Hilton, an der Seite von Bill Clinton, Umarmung mit Angelina Jolie, Kumpelsein mit David Beckham etc.
- Gestalte die Bilder so, dass sie absolut echt wirken.
- Speichere die Pics (mindestens 15 verschiedene) ab und drucke sie auf hochwertigem Fotopapier aus.
- Gehe nun in eine Disco und fordere die Frau, die dir gefällt, zum Tanzen auf.
- Anschließend erzählst du ihr von deinen vielen Abenteuern mit Promis.
- Sie wird dir nicht glauben und dir unterstellen, sie anzuflunkern.
- Sage: „Ich schwöre, es ist die Wahrheit. Wenn du mir nicht glaubst, ich zeige dir gerne die Bilder."
- 8 von 10 Frauen wollen herausfinden, ob du wirklich so eng mit den Promis bist und die Wahrheit gesagt hast.
- Nimm sie mit zu dir und zeige ihr einzeln die Fotos.
- Sie wird von dir begeistert sein und dich nehmen.
- Du hast Sex mit ihr!

Der Stewardess Trick

- Buche dir einen Flug nach irgendwohin.
- Schreibe auf ein Blatt Papier: *Wenn du das nächste Mal in ... (Name der Stadt des Abflughafens nahe deiner Heimat) bist, ruf mich an: ... (deine Handynummer). ... (dein Name)*
- Starte im Flugzeug Blickkontakt mit jeder der Stewardessen und intensiviere ihn mit der, die darauf anspringt.
- Wenn ihr gelandet seid und du das Flugzeug verlässt, drücke ihr im Vorbeigehen den Zettel in die Hand, blicke ihr tief in die Augen und lächle sie an.
- Ein paar Schritte weiter, drehe dich noch einmal um und lächle ihr verzückt zu.
- Wenn sie zurücklächelt, kannst du in nächster Zeit mit einem Anruf oder einer Textnachricht von ihr rechnen.
- Wenn ihr euch schließlich trefft, ist das Ende des Dates vorprogrammiert: Du hast Sex mit ihr!

Der Retrospektive Trick

- Stelle ein Fotoalbum mit den süßesten Fotos aus deiner Babyzeit und deiner Kindheit zusammen.
- Lege das Fotoalbum auf das Sofa im Wohnzimmer.
- Lade eine Bekannte, eine Arbeitskollegin oder eine gute Freundin, die dir gefällt, zu dir nach Hause ein.
- Wenn sie klingelt, führe sie herein und biete ihr das Sofa an.
- Sage: „Oh, entschuldige, das Fotoalbum liegt hier noch herum. Warte, ich räume es weg."
- Sie wird Interesse zeigen und nachfragen, was für Fotos da drin sind.
- Erkläre: „Meine sind das. Ich habe das Album gestern zusammengebastelt, es ist ein Geburtstagsgeschenk für meine Mutter. Das Album enthält meine putzigsten Babyfotos und die schönsten Aufnahmen meiner Kindheit."
- Sie wird die Bilder unbedingt sehen wollen.
- Tue so, als sei es dir peinlich und verstecke das Fotoalbum hinter deinem Rücken.
- Sie wird dich regelrecht anbetteln und du gibst schließlich nach.
- Setze dich neben sie auf das Sofa und schaut zusammen die Fotos an.
- Beschreibe ihr die Bilder und schwelge in schönen Erinnerungen.
- Dann lasse alles Weitere auf dich zukommen, sie wird die Initiative ergreifen.
- Du hast Sex mit ihr!

Der Kumpel Trick

- Beobachte ein Caféhaus und entscheide dich für die bestaussehende alleinsitzende Frau.
- Setze dich zu ihr an den Tisch und sage: „Verzeihen Sie, ich bin im Auftrag meines besten Freundes hier und soll Ihnen folgende Botschaft überbringen: Er sagt, dass Sie wunderschön sind, Ihre Augen scheinen intensiver als die wertvollste Perle, Ihre Lippen sind verführerischer als die von Sophia Loren, und Ihre Figur ist so atemberaubend, dass ich ihm Erste Hilfe leisten musste. Er ist hin und weg von Ihrem Anblick und wünscht sich nichts sehnlicher, als Ihnen Hallo zu sagen und mit Ihnen etwas zu trinken. Seien Sie doch so lieb und erfüllen Sie ihm den Wunsch, er ist wirklich ein ganz Lieber. Er sieht gut aus, ist höflich und charmant, witzig und gebildet. So schüchtern wie jetzt kenne ich ihn nicht, aber Sie haben ihm wohl die Sprache verschlagen und dazu noch den Kopf verdreht. Seien Sie keine Spielverderberin und sagen Sie Ja. Okay?"
- 8 von 10 Frauen sind nun überaus neugierig auf deinen Freund und wollen ihn kennenlernen.
- Sage: „Okay, warten Sie hier, ich sage ihm schnell Bescheid, er wird vor Freude an die Decke springen. In 1 Minute ist er bei Ihnen!"
- Gehe ums Eck und warte 1 Minute.
- Dann gehe zu ihr an den Tisch zurück und stelle dich vor: „So, da bin ich, mein Freund hat mich Ihnen ja bereits angekündigt."
- Sie wird lachen und dich auffordern, sich zu ihr zu setzen.
- Unterhaltet euch und flirtet miteinander.
- Lasse dich abschleppen.
- Du hast Sex mit ihr!

Der Chef Trick

- *Voraussetzung ist, dass du Chef einer Abteilung oder einer Firma bist.*
- Führe Quartalsgespräche. Sprich mit jeder Mitarbeiterin über ihren gegenwärtigen Status in der Firma und über ihre Zukunftsoptionen.
- Erkläre den hübschen Frauen einzeln, dass du sehr zufrieden mit ihnen bist und sie gerne dabei unterstützt, Karriere in der Firma zu machen.
- Erwähne eine mögliche Gehaltserhöhung und eine bessere Position in der Firma – es kann aber nur Eine aus dem Team aufsteigen.
- Sage, dass die nächsten Wochen Ausschlag geben werden, für wen du dich entscheidest. Sie sollen sich größte Mühe geben und alles in die Waagschale werfen.
- Organisiere es so, dass du mit jeder der attraktiven Damen, denen du Appetit auf mehr gemacht hast, einmal alleine bist, zum Beispiel 2-tägiger Arbeitstrip mit Hotelübernachtung, Projektanalyse nach Feierabend, Geschäftsessen etc.
- Warte ab. Die Frauen werden alles tun, damit du dich für sie entscheidest.
- Du hast Sex mit ihnen!

Der Kajak Trick

- Kaufe dir ein Kajak mitsamt Ausrüstung und befestige alles auf deinem Auto.
- Gehe im Sommer an einem schönen Samstagmorgen in die Stadt und gucke dir eine hübsche, junge Frau aus.
- Sprich sie an: „Entschuldigung, wenn ich dich einfach so anquatsche, aber ich möchte dich fragen, ob du Lust auf einen Kajaktrip hast."
- Sie wird völlig überrumpelt sein und dich erst mal anstarren.
- Lege nach: „Ich habe alles dabei, es kann sofort losgehen."
- Bevor sie sich zu Wort meldet, füge hinzu: „Du wirst dich sicherlich wundern, warum ich gerade dich angesprochen habe. Nun ja, du gefällst mir, du bist mir sofort ins Auge gesprungen."
- Sie wird zögern.
- Versichere ihr: „Hey, du brauchst keine Angst zu haben, ich meine, klar, du kennst mich nicht, aber ich dich ja auch nicht. Lass uns einfach spontan durchstarten und es zusammen probieren, ich bin sicher, wir werden viel Spaß haben. Bist du schon mal Kajak gefahren?"
- 8 von 10 Mädels werden verneinen.
- Strahle: „Kajak ist geil! Hier in der Nähe gibt es einen Fluss, da können wir prima kajaken. Ich habe alles dabei: Ausrüstung, Kajak, Paddel. Und, Lust?"
- 8 von 10 Mädels machen mit.
- Fahrt zum Fluss und startet euren Kajaktrip.
- Lacht viel und erlebt einen schönen Tag zusammen.
- Danach schlage ihr vor, den Abend mit einem schönen Dinner ausklingen zu lassen.
- Sagt sie Ja, ist alles klar.
- Nach dem Essen hast du Sex mit ihr!

Der Schwester Trick

- *Voraussetzung ist, dass du eine Schwester hast.*
- Erteile deiner Schwester den Auftrag, sie soll ein Mädel für dich klarmachen. Sie soll ihren Freundinnen ein schickes Bild von dir zeigen und ihnen erzählen: „Das ist mein Bruder. Mann, ist der ein Playboy! Der hat es echt drauf, jede Woche hat er eine andere, die Mädels fliegen regelrecht auf ihn. Aber seit ein paar Wochen ist er total down, er hatte da was mit einer bildhübschen Blondine, in die er sich verknallt hatte, und die hat ihn dann übel sitzengelassen. Das hat er einfach nicht verkraftet. Seitdem ist er nicht mehr derselbe, er ist nur noch traurig und will von Mädels nichts mehr wissen. Er lacht nicht mehr und zieht sich zurück. Das macht mir große Sorgen, wo er doch so ein witziger, charmanter und lebensfroher Kerl ist. Vielleicht kannst du ihn ja etwas aufheitern. Gefällt er dir?"
- Wenn du ihr gefällst, hast du schon gewonnen. Deine Schwester wird euch zusammenbringen und dir steht ein schönes Abenteuer bevor.
- Du hast Sex mit ihr!

Der Weihnachtsmann Trick

- Verkleide dich als Weihnachtsmann und gehe mit Rucksack auf einen Weihnachtsmarkt.
- Sprich eine hübsche Frau wie folgt an: „Ho Ho Ho, ich wünsche dir alles Gute zum Fest! Hier, das ist für dich."
- Hole aus dem Rucksack ein kleines Präsent für sie hervor. Sie soll es auspacken.
- Zum Vorschein kommt ein rotes Leuchtherz.
- Frage sie, ob sie dieses Jahr artig war, oder ein böses Mädchen.
- Wenn sie sagt, sie war artig, dann antworte: „Schade, denn nur die bösen Mädchen kommen dieses Jahr in den Himmel. Du möchtest doch in den Himmel kommen, oder?"
- Sie wird JA antworten.
- Sage: „Dann hast du heute noch die Möglichkeit, böse zu werden. Hier, suche dir eine Option aus."
- Du gibst ihr 3 Zettel in die Hand. Auf dem ersten steht: *Um böse zu werden, musst du wie eine Verrückte über den Weihnachtsmarkt laufen und brüllen: Ich bin böse, ich bin böse!*
- Diesen Vorschlag wird sie lachend ablehnen.
- Auf dem zweiten Zettel steht: *Um böse zu werden, musst du einer fremden Person die Geldbörse aus der Tasche klauen.*
- Auch diesen Vorschlag wird sie ablehnen.
- Auf dem dritten Zettel steht: *Um böse zu werden, musst du den Weihnachtsmann verführen.*
- Wenn sie wirklich böse werden und somit doch noch in den Himmel kommen möchte, wird sie Option 3 ziehen.
- Du hast Sex mit ihr!

Der Putzfrau Trick

- Organisiere dir eine junge, attraktive Putzfrau.
- Lasse sie die ersten Male putzen, während du ihm Haus bist, so gewöhnt ihr euch aneinander.
- Dann vertraue ihr und lasse sie alleine putzen.
- Fertige einen Brief an, auf dem steht: *Lieber ... (dein Name), die letzte Nacht mit dir war Hammer! Du hast mich so glücklich gemacht, es war unglaublich, dich so intensiv in mir zu spüren. So guten Sex hatte ich lange nicht mehr. Ich hoffe, wir wiederholen das bald! Liebe Grüße auch an deinen wunderschönen Knüppel. Bussi, deine Sandra*
- Diesen Brief lässt du auf dem Wohnzimmertisch liegen, sodass die Putzfrau, wenn sie das nächste Mal alleine ist und putzt, den Brief entdeckt. Sie wird ihn lesen und Interesse an dir bekommen.
- Das nächste Mal lasse eine angerissene Kondomschachtel auf dem Nachttisch liegen und platziere einen sexy Tanga aufs Bett.
- Das übernächste Mal schreibst du folgende Notiz: *Hey, Sexgott, noch nie hatte ich beim Sex mit einem Mann 4 Orgasmen hintereinander! Ich träume nur von dir! Ann-Kristin*
- Auch diese Notiz wird sie lesen und dabei geil werden auf dich.
- Wenn sie wieder kommt, mache Folgendes: Lege dich kurz davor nackt ins Bett und decke dich halb zu, sodass dein Penis (am besten im steifen Zustand) für sie sichtbar ist. Tue so, als wenn du schläfst.
- Wenn sie dich entdeckt und du „wach wirst", wird sie dich vernaschen.
- Du hast Sex mit ihr!

Der Geschenk Trick

- Finde die Adresse der Frau heraus, die du ins Bett kriegen möchtest.
- Schreibe folgenden Zettel: *Eine ziemlich originelle Anmache, oder? Bitte sei nicht böse, sondern lache. Ruf mich an, ich freue mich, dich kennenzulernen. Bussi, ... (dein Vorname)*
- Fertige ihr ein Päckchen an. Stecke dazu ein versiegeltes Kondom zusammen mit einem schicken Foto von dir, auf dessen Rückseite deine Telefonnummer steht, und den Zettel in einen Umschlag und packe diesen in einen größeren Umschlag. Diesen wieder in einen größeren Umschlag. Und so weiter. Schließlich alles in ein großes Kuvert, das in ein noch größeres Kuvert. Das Ganze kommt in ein Geschenkpäckchen, das du auf die Post bringst. Als Absender gibst du an: *Paulchen Panther, Präsentstraße 6, ... (PLZ und Name der nächstgelegenen größeren Stadt)*
- Sie wird das Päckchen erhalten und über den fremden, komischen Absender staunen, doch ihre Neugierde treibt sie dazu, das Päckchen zu öffnen.
- Ein Kuvert nach dem anderen kommt zum Vorschein, sie öffnet weiter und weiter, bis sie das letzte Kuvert in den Händen hält.
- Schließlich findet sie dein Foto und das Kondom, dazu deine Nachricht.
- 8 von 10 Frauen melden sich bei dir.
- Organisiert ein Date.
- Du hast Sex mit ihr!

Der Sprich Mich An Trick

- Lasse dir ein T-Shirt drucken, auf dem vorne drauf groß steht: *Möchtest du Sex mit mir, dann sprich mich an!*
- Gehe mit diesem Shirt in die Disco und warte darauf, dass du von willigen Mädels angesprochen wirst.
- Suche dir die Beste aus und ziehe mit ihr ab.
- Du hast Sex mit ihr!

Der SadoMaso Trick

-   Gehe in ein S(ado)M(aso)-Studio.
-   Wenn dich die Domina nach deinen Wünschen fragt, sage: „Ich bin hier, um Ihnen die neuesten Tricks aus Amerika zu verraten. Wissen Sie, ich war ein Jahr beruflich in den USA und habe dort allerhand erlebt, ich habe die ganze SM-Szene durchgemacht und dabei die neuesten Trends und Tricks aufgeschnappt. Wenn Sie wollen, erfahren Sie alles von mir und dürfen es gerne an mir ausprobieren. Ich instruiere Sie genau."
-   Wenn sie zögert, mache sie heiß: „Wollen Sie nicht Ihr Geschäft beleben, mehr Kohle machen, Ihren Ruf ausbauen, die Einzige hier sein, die diese Kniffe und Tricks beherrscht? Die Männer werden Schlange stehen und Sie können Ihre Preise und Ihr Einkommen regelrecht verdoppeln."
-   Wenn sie überzeugt ist, wird sie dich fragen, was der Gegendeal ist, was du dafür willst.
-   Sage: „Ich schlage dir Folgendes vor: Ich komme einmal in der Woche zu dir und du kannst an mir üben. Jedes Mal verrate ich dir einen neuen Kniff, und so kommen wir beide auf unsere Kosten. Einverstanden?"
-   8 von 10 Dominas sagen JA.
-   Lasse deinen geilsten Fantasien freien Lauf und genieße das düstere Treiben.
-   Du hast Sex mit ihr!

Der Zahlen Trick

- Gehe in der Disco selbstbewusst auf eine hübsche Frau zu und frage sie: „Nenne mir eine Zahl von 1 bis 31."
- Sie wird dich erstaunt ansehen.
- Gib ihr keine Zeit nachzudenken und fordere sie erneut auf: „Los, eine Zahl von 1 bis 31. Welche ist es?"
- Sie wird dir ihre Zahl nennen.
- Sage: „Okay, dann haben wir unser Date am ..." (Datum, Zahl = Tag, dahinter der passende – entweder noch laufende oder nächste – Monat, z.B. 14. Juni)
- Weiter: „Sagen wir 19 Uhr beim Italiener?"
- 8 von 10 Frauen sind so überfahren, dass sie JA sagen.
- Notiere ihr schnell auf einen Zettel Name und Adresse des Restaurants, gib ihr den Zettel, drücke ihr ein Bussi auf den Mund und sage: „Okay, Tschüss, bis dann. Ich freue mich!"
- Gehe.
- Finde dich am vereinbarten Tag im Restaurant ein.
- Sie wird kommen.
- Nach dem Essen wird vollstreckt.
- Du hast Sex mit ihr!

Der Speed-Dating Trick

- Gehe zu einer Speed-Dating-Veranstaltung.
- *Hier lernt jeder Mann jede Frau kennen. Die Datingrunden dauern 1 bis 2 Minuten. Dann ertönt ein Gong, der zum Partnerwechsel auffordert. Gleichzeitig notieren die Dater auf Zetteln, ob sie ihr Gegenüber wiedersehen wollen, oder nicht. Dieses Spiel geht so lange, bis jede mit jedem gesprochen hat.*
- Hier gibt es mehrere Möglichkeiten:
  * *Macho:* „Hast du Lust, heute Abend richtig durchgeknallt zu werden? Glaube mir, die Nacht wirst du nie vergessen, Baby."
  * *Romantiker:* „Hast du Lust auf einen wunderschönen, romantischen Abend? Wir gehen zum Italiener essen, danach verführe ich dich bei einem Glas Champagner in meiner Wohnung. Und die einstündige Massage, mit der ich dich verwöhnen werde, endet in zärtlicher Zweisamkeit, eng umschlossen und miteinander verbunden."
  * *Verführer:* „Deine sinnlichen Lippen, deine kristallklaren Augen und dein wunderschöner Körper bringen mich schier um den Verstand. Würdest du mir die Ehre erweisen, heute mein Gast zu sein?"
  * *Partnerin fürs Leben Suchende:* „Ich hatte bisher nur Pech mit meinen Frauen, ich wurde belogen, betrogen, verlassen, und doch habe ich die Hoffnung nicht aufgegeben. Würdest du mich gut behandeln, mit mir durch Dick und Dünn gehen, immer ehrlich zu mir sein und mich lieben als deinen Mann, der dich stets auf Händen trägt? Was meinst du, hätten wir beide eine Chance?"
  * *Teaser:* „Oh mein Gott, ich sitze dir erst 10 Sekunden gegenüber, und schon steht er wie eine Eins. Das nenne ich eine Spontanreaktion! Mir wird heiß bei deinem Anblick. Was soll ich tun? Bitte hilf mir."
  * *Direkte:* „Lust auf Sex?"

SEX BOMB
100 Tricks, Frauen ins Bett zu bekommen

DER PLAYBOY TRICK * DER PIANIST TRICK * DER FEUERWEHRMANN TRICK * DER BABYSITTER TRICK * DER 6 RICHTIGE IM LOTTO TRICK * DER BILLARD TRICK * DER MAGISCHE ZETTEL TRICK * DER KINO TRICK * DER HUNDEHALTER TRICK * DER ROTE ROSEN TRICK * DER BARMANN TRICK * DER ZAUBER TRICK * DER CHEFREDAKTEUR TRICK * DER JUNGFRAU TRICK * DER SPIONAGE TRICK * DER SCHLITTSCHUHLÄUFER TRICK * DER PORNODARSTELLER TRICK * DER MASSEUR TRICK * DER VERFLOSSENEN TRICK * DER SCARY MOVIE TRICK * DER BUCHAUTOR TRICK * DER FUSSBALLSPIELER TRICK * DER BLIND DATE TRICK * DER KOLLEGIN TRICK * DER FOTOGRAF TRICK * DER GIPS TRICK * DER KON-ZERT TRICK * DER WETTE TRICK * DER REPORTER TRICK * DER SAUNA TRICK * DER KAMASUTRA TRICK * DER CHARLIE SHEEN TRICK * DER SCHLANGEN TRICK * DER WETTBEWERB TRICK * DER AMATEURPORNO TRICK * DER RESTAURANT CHEF TRICK * DER GEBURTSTAGSPARTY TRICK * DER UMZIEH TRICK * DER SCHÖNE FRAU TRICK * DER SHOPPING TRICK * DER CALLBOY TRICK * DER XXL-KONDOM TRICK * DER EBAY TRICK * DER EBAY DELUXE TRICK * DER BETTEN-KAUF TRICK * DER POKER TRICK * DER ANNA TRICK * DER MASKENBALL TRICK * DER EINKAUFS TRICK * DER EX ONE NIGHT STAND TRICK * DER DJ KUMPEL TRICK * DER PORSCHE TRICK * DER BORDELL CASTING TRICK * DER BORDELL CASTING DELUXE TRICK * DER SEXSHOP TRICK * DER STILLE TRICK * DER E-MAIL TRICK * DER FACEBOOK PARTY TRICK * DER JOGGER TRICK * DER THER-MEN TRICK * DER ROBINSON CLUB CAMYUVA TRICK * DER 25 ZENTIMETER TRICK * DER SALTO TRICK * DER TRAUM TRICK * DER COACHING FÜR SINGLES BUCH TRICK * DER 5 DVDS ZUR AUSWAHL TRICK * DER STRAPSE TRICK * DER MASSAGEKURS TRICK * DER VISITENKARTEN TRICK * DER WITZE TRICK * DER TAGEBUCH TRICK * DER VIBRATOR TRICK * DER SPIRITUELLE TRICK * DER TANZ TRICK * DER WELTREKORD TRICK * DER POLEN TRICK * DER 10 MINUTEN TRICK * DER VERLASSENEN TRICK * DER PFIFFIGE TRICK * DER SCHLAF MIT MIR TRICK * DER SCHAUSPIELFREUNDIN TRICK * DER GANZKÖRPERMASSAGE TRICK * DER FLOATING TRICK * DER ZUCKERWATTE TRICK * DER BUTLER TRICK * DER KÄLTE TRICK * DER PROMIFOTO TRICK * DER STEWARDESS TRICK * DER RETROSPEK-TIVE TRICK * DER KUMPEL TRICK * DER CHEF TRICK * DER KAJAK TRICK * DER SCHWESTER TRICK * DER WEIHNACHTSMANN TRICK * DER PUTZFRAU TRICK * DER GESCHENK TRICK * DER SPRICH MICH AN TRICK * DER SADOMASO TRICK * DER ZAHLEN TRICK * DER SPEED-DATING TRICK

Weiterführende Literatur / Buch-Tipp

The Womanizer
Ich, der Fremdgeher 1, 2 & 3

Sex, Erotik, Liebe, Lust & Leidenschaft – dies ist die spannende Geschichte, die Autobiografie des Womanizers, eines Mannes, der seinem Leben keine Grenzen setzt und sich alle sexuellen Wünsche und Träume erfüllt.

Obwohl er glücklich in einer Beziehung mit seiner Andrea ist, die er über alles liebt, gönnt er sich alle Freiheiten, um das zu genießen, wovon andere Männer träumen. Er erlebt fantastische Abenteuer ebenso wie böse Reinfälle, heiße Affären, Sex mit 3 Frauen gleichzeitig, Erpressung, Glück und Leid in Beziehung und One Night Stands.

Erfahren Sie mehr über den Mann hinter der Maske und sein Leben. Fantasien werden Wirklichkeit. Wünsche wahr.

Ich, der Fremdgeher ist ein hochexplosives, spannendes, 3-teiliges Werk, das den Leser fesselt, anregt und erregt. 3 x 200 Seiten voller Sex, Lust, Liebe & Leidenschaft.

Doch auch Schuld und Moral spielen eine Rolle. Immer wieder hinterfragt er sein schändliches Treiben und will seiner Partnerin treu bleiben, doch die Lust ist zu groß und die weiblichen Reize sind zu stark ... und so stürzt er sich in das nächste Abenteuer. Ein Buchreihe, über die Sie noch lange sprechen werden!